INSTITUTES

EXPLIQUÉES.

Rouen, F. Baudry, Imprimeur du Roi.

INSTITUTES

DE

L'EMPEREUR JUSTINIEN,

NOUVELLEMENT EXPLIQUÉES,

PAR A.-M. DUCAURROY DELACROIX,

DOCTEUR EN DROIT, AVOCAT A LA COUR ROYALE DE PARIS.

TOME PREMIER.

A PARIS,

Chez COMPÈRE, Libraire, rue de l'Ecole de Médecine, n°. 6.

1819.

AVIS DE L'ÉDITEUR.

La traduction des Institutes qui a précédé cette explication, a été publiée en un seul volume in-12. MM. les étudiants ont apprécié les efforts et sacrifices que nous avons faits pour réunir en un si petit format la matière de plusieurs volumes.

Il nous aurait été facile et même avantageux de grossir celui-ci, mais nous avons désiré que les trois autres livres pussent facilement se réunir au premier, à mesure qu'ils paraîtront. Voilà pourquoi nous avons rempli nos pages plus qu'on ne le fait ordinairement, même dans les livres classiques.

Si l'édition y a perdu les avantages que lui aurait procurés un plus gros caractère, nous espérons que ce ne sera point un sujet de reproche de la part de ceux dont l'intérêt a été seul consulté.

AVERTISSEMENT.

Je n'ai jamais conçu la connaissance du droit séparée de la connaissance des textes ; et les lois romaines plus que toutes autres me paraissent devoir être étudiées sur l'original. Pour ne point m'en écarter, j'aurais pu essayer un commentaire ; mais alors, obligé de suivre rigoureusement dans chaque titre l'ordre des paragraphes, j'aurais été dans l'impossibilité de donner aux idées la liaison dont elles ont sur-tout besoin dans un livre élémentaire. Cette considération m'aurait décidé à faire un traité, si je n'avais pas redouté tout ce qui pouvait dispenser de recourir au texte. C'est pour y ramener perpétuellement que j'ai tenté, en déplaçant seulement l'ordre de quelques paragraphes, une explication suivie des Institutes.

J'ai cité beaucoup de lois, non seulement pour prouver mes assertions, mais encore pour offrir aux commençants l'occasion de se familiariser peu à peu avec le Digeste et le Code. J'ai supposé qu'on lirait toutes les citations, et pour rendre leur vérification plus facile, j'ai ajouté à chacune d'elles le numéro du livre et celui du titre où elle se trouve, soit au Code, soit au Digeste. Parmi le petit nombre d'auteurs dont j'ai invoqué l'autorité, on verra revenir, à chaque page, le nom de Pothier et celui de Vinnius. Je les indique souvent, soit pour justifier mes principes, soit pour suppléer à des développements qui n'entrent pas dans les bornes de mon travail. On pense bien en effet que je ne viens pas remplacer Vinnius, mais le commentaire de ce grand jurisconsulte surpasse assurément la portée des commençants : c'est un premier échelon que j'ai voulu établir pour eux. Si mon explication suffit à l'intelligence des Institutes, si elle habitue peu à peu à lire les Pandectes de Pothier et le commentaire de Vinnius, j'aurai rempli le but que je m'étais proposé.

Les autorités auxquelles je renvoie doivent être consultées en original. Je le répète et pour cause. Traducteur des Institutes, je n'explique aucune traduction, pas même la mienne. La substituer au texte, serait abuser des efforts que j'ai faits pour le rendre plus familier. L'étude du droit offre tant de difficultés aux commençants, qu'on ne saurait trop faciliter leurs premiers pas. Voilà pourquoi j'ai essayé de traduire, voilà pourquoi j'explique en français les éléments du droit romain. Mais si, après s'être servi de la traduction et de l'explication pour entendre l'original, on a bien étudié ce dernier, on s'apercevra bientôt que tenter de traduire le Digeste, le Code ou les Pandectes de Pothier, ce serait tenter l'impossible.

On ne trouvera ici aucun rapprochement avec le droit français. La comparaison des Institutes avec le Code civil m'a paru devoir faire l'objet d'une discussion séparée, qui complétera le travail que j'ai entrepris en trois parties. Les *Institutes traduites* ont formé la première; les *Institutes expliquées* ne font que précéder ici les *Institutes comparées avec le Code civil*.

SIGNES ET ABRÉVIATIONS.

Pand. Just. PANDECTÆ JUSTINIANEÆ. *Les nombres qui viennent ensuite, indiquent le livre, le titre et le numéro auxquels il faut recourir. Le passage cité doit être lu avec les notes que Pothier y joint ordinairement.*

L. ——— LOI. *Toute citation qui commence par ce signe, est tirée du Digeste ou du Code. Dans le premier cas on ajoute le signe* ff., *dans le second la lettre* C.

C. ——— CODE.

ff. ——— DIGESTE.

§. ——— PARAGRAPHE. *Subdivision, soit d'une loi du Digeste ou du Code, soit d'un titre des Institutes.*

PP. ——— PRINCIPE. *Commencement de la loi ou du titre qui se subdivise. Toute citation qui commence par ce signe ou par le précédent, est tirée des Institutes.*

Nov. —— NOVELLE. *Chaque Novelle se distingue par un numéro d'ordre.*

Eod. —— EODEM TITULO. *Le dernier titre cité.*

H. t. —— HOC TITULO. *Le titre même dont on s'occupe, ou celui qui correspond, soit dans le Digeste, soit dans le Code.*

Hìc. —— ICI, *c'est-à-dire, le passage même du texte que l'on explique, ou le commentaire fait sur ce même passage par l'auteur cité.*

Liv. —— LIVRE.

Tit. —— TITRE. *Deux titres du Digeste, savoir :* de verb. signif. (*de verborum significatione*) *et* de reg. jur. (*de regulis juris*), *ont toujours été cités sans aucune autre indication. Il suffit de savoir que ces deux titres sont les derniers du Digeste.*

TABLE DES TITRES.

a vj

FIN DE LA TABLE.

CONSTITUTION

PRÉLIMINAIRE.

PP.

1. Le repos d'un empire peut être troublé au dehors par les peuples étrangers, au dedans par le choc des intérêts particuliers ; c'est au prince à repousser les premiers par la force des armes, et à contenir les seconds par la sagesse des lois.

§. 1.

L'empire romain, à l'avénement de Justinien, avait besoin, pour retarder sa ruine, de toutes les ressources que peuvent offrir la gloire des armes et la vigueur d'une prudente administration. C'est aux historiens à peindre la faiblesse d'un état de toutes parts envahi par les barbares, et à vérifier ce que Justinien dit ici du succès de ses armes : nous allons nous occuper de ses travaux législatifs.

2. Il avait à débrouiller le cahos de l'ancienne législation, entreprise plus difficile sans contredit que la création d'un code nouveau.

L'édit perpétuel (1) subsistait encore, mais presque oublié ainsi que les écrits composés par les meilleurs jurisconsultes pour en expliquer le texte.

---

(1) Pour bien entendre ceci et ce qui va suivre, il faut commencer par lire d'abord les deux premiers titres du premier livre.

A

Les anciennes lois, les plébiscites, les sénatus-consultes avaient été en partie abrogés, en partie perdus et oubliés. Ce qui était resté en vigueur avait servi de texte à de nombreux commentaires, et ces commentaires eux-mêmes étaient plus nuisibles qu'utiles à la restauration de la jurisprudence, à cause soit de leur quantité prodigieuse, soit des temps et des idées particulières dans lesquels ils avaient été composés. En effet, la masse en était énorme et semblait avoir augmenté avec l'épaisse ignorance du siècle, pour obscurcir l'éclat que le mérite des anciens jurisconsultes avait répandu sur la jurisprudence.

3. Mais quel que fût d'ailleurs le mérite de ceux-ci, leurs ouvrages composés long-temps avant Justinien, contenaient nécessairement beaucoup de choses tombées en désuétude. Ce n'était pas un petit travail de distinguer, même dans les meilleurs écrits, ce qui était encore applicable; d'ailleurs, leurs auteurs n'étaient pas d'accord entr'eux. Jamais tous les prudents ne l'ont été sur tous les points. Sous Auguste il s'était formé deux sectes d'opinions et de principes différents, à la tête desquels étaient d'un côté Antistius Labéon, et de l'autre Attéius Capiton, deux des plus illustres personnages de Rome. Leurs discussions se prolongèrent. Ceux qui suivirent Capiton furent appelés *Sabiniens* ou *Cassiens* des noms de *Sabinus* et de *Cassius*, deux des chefs de la secte. *Proculus* et *Pégasus* donnèrent aussi leurs noms aux partisans de Labéon, qui formèrent la secte des *Pégasiens* ou *Proculéïens*.

4. Sous Adrien les partis s'appaisèrent. Quelques jurisconsultes commencèrent à adopter indistinctement plusieurs opinions des sabiniens et des proculéïens; on vit alors se former un parti intermédiaire, dont les opinions mitoyennes servirent quelquefois à concilier les extrêmes (1). Ces jurisconsultes furent appelés *erciscundi*, du mot *erciscere* (partager). Bientôt on ne vit plus de pégasiens et de sabiniens, mais la trace de leurs débats subsistait toujours dans les écrits des plus célèbres jurisconsultes.

5. Les constitutions avaient été recueillies, mais quoique plus récentes que les autres parties du droit, elles ne pouvaient s'appliquer à l'état actuel des choses sans beaucoup de modifications; les progrès de la religion, la translation du siége de l'empire avaient nécessairement influé sur l'esprit du siècle, et la législation de l'empire grec ne pouvait pas être parfaitement concordante avec celle des empereurs payens.

6. Voilà les matières que Justinien avait à refondre, et dont il essaya de former avec ses propres constitutions, un corps de lois qui seraient d'accord entr'elles, ainsi qu'avec les mœurs de son siècle (2). Il fallait donc pour cela corriger et mettre en ordre les lois anciennes, et sanc-

---

(1) V. le §. 25, *de rer. divis.* II-I.

(2) Dans plusieurs passages des institutes, Justinien témoigne l'intention d'écarter de sa législation, tout ce qui répugnerait aux idées reçues de son temps. V. entr'autres le pp. *quib. mod. tut. fin.* I-XXII; le §. 1, *de success. subl.* III-XIII; et le §. 7, *de noxal. act.* IV-VIII.

tionner par de nouvelles constitutions les corrections ou additions jugées nécessaires ; et c'est le résultat de ce double travail que l'empereur indique ici, lorsqu'il parle des lois qu'il a faites (*promulgatis*), ou simplement digérées et mises en ordre (*compositis*).

§. 2.

7. Justinien fit d'abord travailler aux constitutions des princes. Portées à des époques et dans des vues très-différentes, elles étaient *confuses*, c'est-à-dire, incohérentes et sans harmonie, quoique rassemblées pour laplupart dans trois recueils distincts.

8. Le premier, nommé *Code Grégorien*, contenait les constitutions des empereurs payens, depuis Adrien jusqu'à Dioclétien et Maximien. On croit que le jurisconsulte dont ce code a pris le nom, est un certain Grégoire, préfet du prétoire sous Constantin. Les constitutions des autres princes payens avaient été rassemblées dans un second recueil nommé *Code Hermogénien*, du nom d'un autre jurisconsulte. Enfin, l'empereur Théodose le jeune avait donné son nom à un troisième code, renfermant les constitutions des princes chrétiens, depuis Constantin jusqu'à lui.

9. Ces trois codes, les constitutions des successeurs de Théodose et quelques-unes des propres constitutions de Justinien, lui servirent à former un nouveau code auquel il donna son nom. C'est par cet ouvrage qu'il se flatte ici d'avoir mis une harmonie parfaite entre les anciennes constitutions, et cela, au moyen des corrections

et des changements que plusieurs d'entr'elles ont subis lors de leur insertion dans le nouveau recueil. Celles qui n'y ont point été admises furent par là même abrogées. Le Code Justinien a été promulgué l'an 529, le 7 des ides d'Avril.

10. Justinien s'occupa ensuite des écrits laissés par les plus célèbres jurisconsultes. Ils donnèrent lieu à un double travail. Le premier avait pour but de décider plusieurs points controversés entre les différentes sectes, et restés jusqu'alors indécis. Justinien porta dans cette vue plusieurs constitutions, nommées les *Cinquante Décisions*. Il en est souvent question dans les institutes (1).

11. Ce premier travail jetait un grand jour sur ce qui restait à faire pour utiliser les ouvrages des anciens jurisconsultes. La préférence entre les différentes opinions n'était plus laissée à l'arbitraire; déjà l'on travaillait à faire des extraits pour en composer un ouvrage dont les parties seraient distribuées par ordre de matières; dégagées de tout ce qui, dans l'original, était devenu inutile; purgées de toute contradiction entre elles, et sanctionnées pour obtenir force de loi, par l'autorité du prince.

12. Déjà Théodose voulant profiter des écrits de certains jurisconsultes avait accordé force de loi aux ouvrages de neuf d'entr'eux (2). Mais il avait confirmé ces écrits tels qu'ils étaient, sans

(1) V. le §. 3, *de libert.* I-V.

(2) Ces jurisconsultes sont: *Papinien*, *Paul*, *Caïus*, *Ulpien*, *Modestinus*, *Scévola*, *Sabinus*, *Julien*, rédacteur de l'édit perpétuel, et *Marcellus*.

élaguer ce qui pouvait s'y trouver d'inutile; sans y mettre aucun ordre et sans les concilier entre eux; seulement, pour les questions où ces jurisconsultes n'avaient point été d'avis unanime, Théodose voulut qu'on prît celui du plus grand nombre, et en cas de partage, celui de Papinien.

13. Le plan de Justinien avait sur l'idée de Théodose des avantages qu'il est facile d'apercevoir; malheureusement une exécution trop rapide nuisit à la perfection du recueil promulgué sous le titre de *Digeste* ou *Pandectes*, l'an 533, le 17 des kalendes de Janvier.

§ 3.

14. Les pandectes n'étaient pas encore promulguées lorsque Justinien pensa qu'il ne suffisait point d'avoir élevé cet édifice et qu'il fallait encore en faciliter l'accès par une route simple et facile (1), c'est-à-dire, qu'il voulut donner dans un ouvrage élémentaire les premiers principes de la science dont le digeste et le code offrent une application plus détaillée. Déjà auparavant plusieurs jurisconsultes, et entr'autres Caïus, avaient composé de semblables éléments, sous le titre d'*Institutes*. Mais leur travail ne pouvait plus servir d'introduction à une législation complétement refondue; il était donc indispensable de retoucher et de refaire leurs éléments. Ce soin fut confié à Tribonien, Théophile et Dorothée.

15. Tribonien, originaire de la Pamphilie, était

---

(1) Primò levi ac simplici viâ. §. 2, *de just. et jur.*

l'homme le plus érudit de son siècle. De grands talents, et plus encore sa souplesse et ses flatteries lui frayèrent un chemin aux premières dignités dont il souilla l'éclat par une honteuse avarice. C'est lui qui présida, non seulement à la rédaction des institutes, mais encore à toutes les autres parties de la législation justinienne. Théophile et Dorothée qui travaillèrent avec lui, étaient deux professeurs de droit.

16. Les nouvelles institutes durent avoir sur les précédentes l'avantage de n'offrir que des principes applicables à la législation actuelle ; on écarta soigneusement tout ce qui était passé hors d'usage, et ce que Justinien appelle ici *antiquæ fabulæ*, comme étant sans utilité réelle pour les affaires de son temps. Les éléments de Justinien ont encore l'avantage d'émaner du législateur même, et par conséquent ils n'exposent à aucune erreur sur le véritable sens de la loi ; car les institutes de Justinien sont elles-mêmes une loi : on y étudie donc le droit sur la loi même, avantage immense que l'on n'avait pas auparavant ; en effet, avant d'aborder le texte même des constitutions, on passait quatre années entières à étudier séparément quelques traités de divers auteurs.

§. 4.

17. Les *Pandectes* sont ainsi appelées du grec παν δεχεσθαι, parce qu'elles embrassent toutes les parties du droit ; on les nomme encore *Digestes*, du mot latin *Digestum* (digéré, mis en ordre). Ce livre compilé par Tribonien et quinze

jurisconsultes qu'il s'était adjoints, est divisé en cinquante livres dont l'ordre est à peu près celui de l'édit perpétuel ; un livre contient ordinairement plusieurs titres, et chaque titre les fragments de divers jurisconsultes sur la même matière, mais sans ordre entre les fragments eux-mêmes. Chacun de ces extraits porte le nom de loi, parce qu'ils en ont acquis la force. En tête de chaque loi est, avec un numéro d'ordre dont la série recommence à chaque titre, le nom du jurisconsulte et l'indication de l'ouvrage d'où la loi est extraite. Une même loi se subdivise quelquefois en plusieurs articles dont le premier s'appelle principe, et les autres paragraphes ; ils sont comptés et numérotés, en commençant par celui qui suit immédiatement le principe, lequel ne porte aucun numéro.

18. Les institutes n'ont que quatre livres, chaque livre contient plusieurs titres qui se divisent le plus souvent (1) en un principe et un ou plusieurs paragraphes, comme les lois du digeste.

§. 5.

19. Les institutes n'indiquent pas uniquement le droit tel qu'il est du temps de Justinien ; on y expose rapidement les anciens principes qu'il est toujours nécessaire de rappeler, lorsqu'on les modifie, pour faire apprécier la modification.

(1) On trouve plusieurs titres sans subdivision. V. par exemple les titres 17, 18, 19 du livre premier.

§. 6.

20. Les institutes de Justinien sont en général extraites des écrits de plusieurs anciens jurisconsultes, mais sur-tout des institutes de Caïus et de quelques autres écrits du même auteur. Les rédacteurs ont ajouté, pour ce qui concerne les changements apportés par Justinien, des passages faciles à reconnaître.

§. 7.

21. Quoique composées après le digeste, les institutes ont été publiées les premières, le 11 des kalendes de Décembre de la même année 533 ; mais l'un et l'autre n'ont eu force de loi qu'au 3e. des kalendes de Janvier.

~~~

22. Justinien avait formé un corps de législation, composé de quatre parties, dont nous avons déjà parlé, savoir : le code justinien, les cinquante décisions, le digeste et les institutes ; il reconnut bientôt que plusieurs dispositions de son code étaient devenues inutiles depuis la promulgation de quelques constitutions nouvelles, et surtout depuis celle du digeste ; le code fut donc retouché, on en fit une seconde édition dans laquelle entrèrent toutes les constitutions de Justinien, postérieures à la première édition, et entr'autres les cinquante décisions qui, aujourd'hui, se distinguent assez difficilement dans cette seconde édition qui remplace le premier code abrogé et forme, à la suite des institutes et du
~~~

digeste, la troisième partie du corps de droit. Elle fut promulguée l'an 534, le 17 des kalendes de Décembre.

23. Le code se divise en douze livres, chacun d'eux en plusieurs titres, les titres en loi et la loi en principe et paragraphes comme au digeste; en observant toutefois que les lois du digeste sont extraites des écrits de jurisconsultes, et celles du code des constitutions d'empereurs dont le nom se trouve en tête de chaque loi. Elles sont rangées dans chaque titre par ordre de date, depuis Adrien jusqu'à Justinien lui-même.

24. Après la seconde édition du code, ce prince rendit encore plusieurs autres constitutions appelées *Novelles*, qui modifient considérablement la jurisprudence (1); les novelles forment la quatrième partie du corps de droit, chacune d'elles contient une préface, suivie d'un ou plusieurs chapitres qui, eux-mêmes, se divisent quelquefois en principe et paragraphes, et sont ordinairement suivis d'une péroraison nommée *épilogue*.

25. Il reste à observer ici, 1°. que, parmi les novelles, la plus récente déroge aux précédentes, et que toutes dérogent aux trois parties du corps de droit. Le code, comme plus récent, déroge aux institutes et au digeste, qui, ayant pris force de loi le même jour, ne dérogent point l'un à l'autre;

2°. Que dans les institutes, chaque fois qu'il

(1) V. entr'autres la Novelle 118.

est question du code, ce ne peut être de la seconde édition, mais seulement de la première que l'on parle. Ceci explique pourquoi plusieurs constitutions citées dans les institutes, comme devant se trouver dans le code, ne s'y rencontrent cependant pas, c'est qu'elles ont été supprimées dans la seconde rédaction, la seule qui nous reste.

LIVRE PREMIER.

TITRE PREMIER.

De la justice et du droit.

26. Rendre à chacun ce qui lui appartient, telle est la volonté de l'homme juste ; mais cette volonté ne suffirait pas seule et dépourvue des moyens de distinguer ce qui véritablement ou non appartient à chacun ; et ce ne serait pas non plus une véritable volonté, si elle ne cherchait pas à connaître ses moyens.

Voici donc, pour rendre à chacun ce qui lui appartient, trois points nécessaires : la volonté ou la justice, les moyens de distinguer ou le droit, et la connaissance de ces moyens ou la jurisprudence.

PP.

27. Il est bien des sortes de volonté. Celle qui constitue la justice doit être ferme (*constans*), insurmontable dans sa résistance, irrésistible dans son action ; c'est une volonté perpétuelle qui non seulement est forte, mais qui l'est sans cesse et sans intervalle.

§. 1.

28. Justinien passe à la définition de la jurisprudence, ou plutôt à celle du droit ; car la jurisprudence définie par son nom même, n'est

rien autre chose que la connaissance du droit : or, dire en quoi consiste cette connaissance, c'est dire en quoi consiste le droit même, sauf cette différence qu'il est (*ars*) la science abstraite des mêmes choses dont la jurisprudence suppose la connaissance acquise (*scientia*, *notitia*).

Le droit est donc la science *des choses divines et humaines*, non pas dans tous leurs rapports, car ce serait la science universelle, mais seulement pour distinguer en elles le juste d'avec l'injuste, comme l'indique la dernière partie de la définition ajoutée pour préciser et non pour amplifier la première.

§. 3.

29. En séparant le juste de l'injuste, le droit trace nécessairement une suite de préceptes entre lesquels existe une distinction importante. Si je dois de l'argent, si j'ai causé une perte, je dois payer la dette, je dois réparer la perte : non seulement je le dois, mais on est fondé à l'exiger. C'est là un devoir parfait en ce qu'il produit à la fois une obligation pour moi et un droit (1) pour autrui. Au contraire, quoique ce soit un devoir de rendre service, de faire l'aumône lorsqu'on le peut, il ne résulte cependant de cette obligation aucun droit pour personne, car alors ce ne serait plus un service, une charité qu'on recevrait, mais une dette comme dans le cas

(1) Ici le droit n'est plus comme dans les définitions précédentes, l'art du juste et de l'injuste; mais ce qui appartient à chacun d'après les règles de cet art.

précédent. Il n'y a donc ici qu'un devoir imparfait, qui forme une obligation d'un côté, sans attribuer aucun droit de l'autre. On n'est comptable des devoirs imparfaits qu'à Dieu seul (1); ils sont tous renfermés dans ce premier précepte, *vivre honnêtement.* Les deux autres se rapportent aux devoirs parfaits.

30. Mais de ces deux derniers préceptes, l'un dit plus que l'autre. Ne léser personne est un premier devoir, mais il ne va jamais seul; il ne suffit pas de ne point agir au préjudice d'autrui, ce ne serait *là* qu'une justice passive; il faut une vertu active qui cherche spontanément à rendre ou faire rendre à chacun ce qui lui appartient.

31. Le droit pris en général embrasse tous les devoirs parfaits et imparfaits; mais lorsqu'on le considère séparé de la morale, il s'occupe particulièrement des premiers.

§. 4.

32. L'homme a des devoirs non seulement envers les autres hommes pris individuellement, mais il en a aussi envers la société ou l'état dont il est membre. De là deux parties dans l'étude du droit, celle du droit public et celle du droit privé. Le premier règle la constitution de l'état et les rapports de la masse envers les membres qui la composent (2). Le droit privé, au contraire,

---

(1) Pothier, *traité des oblig.*, n°. 1.

(2) Ad statum rei romanæ spectat. *Text. hic.*

règle les intérêts des particuliers entr'eux (1). Il se divise en trois parties et se nomme droit naturel, droit des gens ou droit civil, suivant que les préceptes dont il se compose, appartiennent à toute la nature en général, à l'espèce humaine, ou à chaque peuple en particulier.

---

(1) Ad singulorum utilitatem pertinet. *Text. hic.*

TITRE II.

Du droit naturel, du droit des gens et du droit civil.

PP.

33. Le droit a certains préceptes plus généraux que les autres ; quelques-uns même sembleraient communs à l'homme avec toutes les créatures animées, comme on le voit par la définition du texte et les exemples cités à l'appui. Au reste, Ulpien, auteur de cette définition, ne reconnaît aux brutes aucun raisonnement (1), et par conséquent, s'il leur attribue la connaissance d'un droit et même d'un droit commun à eux et aux hommes, c'est uniquement en vue des résultats qui sont par tout les mêmes. Il a voulu distinguer parmi les devoirs de l'homme, ceux pour la perception desquels les facultés des animaux suffiraient seules sans le secours de la raison humaine. Ces premiers préceptes forment pour l'homme et pour l'homme seul un droit naturel, susceptible d'être imité par les animaux, non comme droit, mais par suite d'un pur instinct (2).

En continuant à rechercher les devoirs de l'homme, on en trouve bientôt dont la connaissance exige un discernement supérieur à celui des bêtes. Là commence ce qu'on pourrait appeler le droit humain.

(1) L. 1, §. 3, ff. *si quadrup. paup. fec. dic.* IX-I.
(2) Cujas, *not. ad inst.*, *h. t.*

§. 1.

34. Ce droit n'est pas le même par tout, et cependant nulle part il ne diffère totalement de ce qu'il est ailleurs. Ainsi, dans les lois d'un pays, il y aura toujours une partie applicable même aux étrangers, parce qu'elle appartient à l'espèce humaine en général, et une autre partie spéciale aux citoyens de ce pays. C'est là ce qui distingue le droit des gens et le droit civil ; le premier commun à tous les hommes sans distinction de cité (1) ; le second, particulier aux membres d'une même cité, parce que chaque peuple se le donne à lui-même et pour lui seul (2).

§. 2.

35. Il est évident d'après cela qu'il y a autant de droits civils que de cités ; le droit des gens, au contraire, est un chez tous les peuples ; en effet, les hommes le reçoivent ou tel qu'il est donné par la nature, ou modifié par des usages universels. Ils reçoivent directement de la nature (3), outre les préceptes du droit naturel, le sentiment de la divinité, l'attachement envers

---

(1) Le droit des gens ou de l'espèce humaine, *omni humano generi commune*, §. 2, *h. t.*, est toujours considéré ici comme droit privé, et par conséquent dans un sens bien différent de cette partie du droit public, qu'on appelle aussi *droit des gens* pour dire droit des nations.

(2) Proprium ipsius civitatis..... quod quisque ipse sibi populus constituit. *Text. hìc.*

(3) Quod naturalis ratio, etc., §. 1, *h. t.*

leurs parents, etc. Cette première partie du droit des gens, se nomme droit des gens *primaire*, comme antérieure à une autre partie qui ne s'est introduite que postérieurement par suite des besoins de la société (1), et dont les effets sont, indépendamment de la guerre et de ses suites, la distinction des propriétés, d'où sont nés les échanges, et par conséquent les contrats (2). Cette seconde partie se nomme droit des gens *secondaire*.

Au surplus, cette distinction sera de peu d'usage dans ce que nous aurons à expliquer; et même on appellera droit naturel, à cause de son origine, ce qui, dans le droit des gens, peut être considéré comme une conséquence même indirecte des principes de la raison naturelle (3).

36. Ce n'est pas le droit civil romain, considéré isolément, que nous avons à expliquer. Chez les romains, comme par tout ailleurs, le droit civil est combiné avec le droit des gens; mais nous aurons souvent occasion de distinguer ce qui appartient à l'un ou à l'autre; et cela est

---

(1) Usu exigente et humanis necessitatibus. *Text. hìc.*

(2) Non pas tous, mais la plupart. *Penè omnes*, dit le texte. V. le §. 3, *de donat.* II-VII.

(3) Dans le §. 11, *de rer. divis.*, le droit des gens, considéré par rapport à différentes manières d'acquérir la propriété, est appelé droit naturel : on lui donne le même nom dans le §. 11, *h. t.*; mais ici et dans le pp. *de libert.*, le droit des gens est opposé au droit naturel. C'est qu'il s'agit là de cette partie du droit des gens qui autorise la guerre et toutes ses conséquences les plus rigoureuses.

sur-tout nécessaire pour déterminer la juste étendue dont un point de droit est susceptible.

§. 3.

37. Chaque peuple, en se donnant un droit civil, ne l'établit pas toujours par une déclaration formelle de sa volonté ; il suffit qu'un usage soit généralement observé pour indiquer une volonté réelle quoique tacite. On appelle *droit écrit* celui qui résulte d'une promulgation ou déclaration expresse de la volonté législative, par opposition au *droit non écrit* qui résulte des usages et des coutumes généralement observées (1).

38. Chaque citoyen concourt à la formation du droit civil, soit en personne, soit par des représentants qui réunissent les pouvoirs séparés de plusieurs citoyens, soit même par un seul individu revêtu des pouvoirs de tous. Ces différents modes de législation ont été successivement employés à Rome, et les actes de l'autorité législative ont successivement pris les noms de loi, plébiscite, sénatus-consulte, constitution, suivant que cette autorité fut exercée par la masse du peuple, par les plébéiens, par le sénat ou par le prince.

Certains magistrats par leurs édits, certains jurisconsultes par leurs ouvrages ont aussi contribué à la formation du droit écrit, dont les

(1) Il est même à remarquer que depuis l'expulsion des rois jusqu'à la loi des douze tables, il n'y eut à Rome d'autre droit que des usages assez incertains. Pomponius. L. 2, §. 3, ff. *de orig. jur.* 1-11.

sources sont par conséquent au nombre de six.

§. 4.

39. Dans la création d'une loi, on distingue deux parties : l'initiative ou présentation du projet, et la législation proprement dite ou l'acte qui de ce projet fait une loi véritable. Le peuple dans l'origine faisait la loi, mais l'initiative venait toujours du sénat, sans la permission duquel le peuple ne pouvait être assemblé. Ainsi la loi était toujours précédée par un sénatus-consulte (1) qui autorisait à convoquer les citoyens pour délibérer sur un projet présenté par un sénateur (2). Dans la suite et à l'occasion de plusieurs révoltes, les plébéïens se séparèrent du sénat et se donnèrent eux-mêmes, sur la proposition de leurs tribuns, des lois qu'on appela *plébiscites* (3).

40. Les définitions du texte nous apprennent

---

(1) Il ne f[illegible]t pas confondre cette espèce de sénatus-consulte avec c[illegible]x dont il est question dans le §. 5.

(2) *Senatorio [illegible]gistratu interrogante*. La présentation du projet s'a[illegible]lait *rogatio*, à cause de cette formule qui terminait le [illegible]cours de présentation, *rogo vos, quirites, ut velit[illegible] [illegible]ubeatis*, etc.

(3) V. dans le te[illegible]t[illegible] la définition des lois et celle des plébiscites. La prése[illegible]tation des lois au peuple remonte jusqu'à Romulus même. Lors de l'expulsion des rois, les lois faites pendant leur règne furent abrogées. On les remplaça sous les décemvirs par la loi des douze tables, ainsi appelée des douze tables d'airain sur lesquelles cette loi était gravée, et dont dix seulement furent publiées l'an 302, et les deux autres l'année suivante. Cette loi forme le principe et la base de tout le droit romain. V. L. 2, § 2, 3 et 4, ff. *de orig. jur.* I-II.

que les plébéiens ne sont qu'une partie du peuple ; et de là cette conséquence que les plébiscites ne pouvaient obliger qu'une portion des citoyens. Cependant ils ont obtenu force de loi générale, non par eux-mêmes, mais en vertu des concessions confirmées en définitif par la loi Hortensia (1) ; dès-lors les plébiscites furent indistinctement qualifiés du titre de loi, parce qu'il n'y avait entr'eux et les populiscites ou actes émanés du peuple entier, d'autre différence que celle de la forme (2).

§. 5.

41. Les choses subsistèrent ainsi jusque sous Tibère (3). A cette époque, le peuple romain n'était plus renfermé dans les murs de Rome ; le droit de cité accordé à plusieurs villes d'Italie rendait la convocation des comices plus difficile. Tibère en profita pour transférer les délibérations du champ-de-mars dans le sein du sénat. Ce corps prit par là dans la législation une part toute différente de celle qu'il avait eue dans l'origine. Il prit celle du peuple, dont il fut considéré comme le représentant (*vice populi*) pour être consulté sur les projets dont l'initiative était passée au prince. C'est ainsi qu'aux lois et aux

(1) L'an 466. La loi Horatia et la loi Publilia avaient déjà été portées sur le même objet. La première est de l'an 304 : on n'est pas d'accord sur l'époque de la seconde.

(2) L. 2, §. 10, ff. *de origin. jur.*

(3) Il existe plusieurs lois et plébiscites portés sous Auguste et même sous Tibère, comme on le verra dans l'explication des titres 6 et 7.

plébiscites succédèrent des sénatus-consultes que l'on appelle quelquefois aussi discours du prince (*oratio principis*) (1).

42. Peu à peu les empereurs se dispensèrent de prendre l'avis d'un sénat devenu assez complaisant pour admettre sans délibérer et par acclamation, toutes les propositions du prince, et telle fut l'origine des constitutions qui commencèrent sous Adrien.

Cependant on fit encore quelques sénatus-consultes postérieurs à ce prince ; mais bientôt le sénat cessa tout-à-fait d'être consulté, sans être formellement dépouillé de la part qu'il avait à l'autorité législative. Aussi Justinien parle-t-il ici des sénatus-consultes comme des actes d'une autorité encore existante (*jubet*, *constituit*), et cela par opposition aux lois et plébiscites, dont la forme est définie dans le paragraphe précédent, comme passée et détruite (*constituebat*).

§. 6.

On voit dans ce paragraphe, 1°. quelle est l'autorité des constitutions et le fondement de cette autorité ; 2°. les différentes formes de constitution ; 3°. l'étendue de leur application.

43. La volonté du prince fait loi, et cela, suivant le texte, parce qu'il aurait été revêtu de tous les pouvoirs du peuple qui les lui aurait transmis, ou au moins communiqués par la loi

(1) V. L. 59 et 60, ff. *de rit. nupt.* XXIII-II ; L. 8, ff. *de transact.* II-XV ; L. 52, §. 10, ff. *pro soc.* XVII-II ; L. 1, ff. *in quib. caus. pign.* XX-II.

Regia. Rien n'est plus incertain que l'existence de cette loi, et soit que les princes aient tacitement usurpé l'autorité législative, soit qu'on la leur ait cédée lorsqu'on n'était plus en état de la refuser, il est certain qu'ils ont successivement accoutumé le peuple à voir ses droits passer de la masse des citoyens à un corps particulier, et de ce corps à un seul individu (1).

44. Les constitutions se divisent, quant à la forme, en rescrits, décrets ou édits. Les rescrits ou lettres sont des décisions du prince sur des questions particulières, lorsque, sans entrer dans l'examen des faits, il indique seulement le parti que le magistrat devra prendre suivant tel ou tel cas dont on lui renvoie la connaissance. Quelquefois aussi l'empereur prononce une sentence définitive, après être entré dans le détail des faits d'une cause (*cognoscens decrevit*); il rend alors un décret, c'est-à-dire, un véritable jugement. Les édits sont des ordres et règlements pour l'avenir, à la différence des rescrits et décrets qui statuent sur des faits antérieurs.

45. Les constitutions, quelle qu'en soit la forme, n'ont de force que par la volonté du prince; de là résulte une nouvelle distinction; car certaines constitutions statuent quelquefois pour un cas particulier, sans servir d'exemple même pour les cas semblables, et cela parce que le prince ne le veut pas (*quoniam non hoc princeps vult*). Telles sont, par exemple, les constitutions qui

---

(1) Pomponius, L. 2, §. 13, ff. *de orig. jur.* I-II.

accordent une grâce ou un secours particulier (1), ou qui infligent une punition extraordinaire. Ces constitutions *personnelles* ne sont pas des lois proprement dites, on les nomme *priviléges* ou lois privées, par opposition aux autres constitutions qui ont force de loi générale.

§. 7.

Nous avons maintenant à parler de deux autres parties du droit écrit, savoir : les édits des magistrats et les réponses des prudents.

46. Les magistrats ne se contentaient pas de décider par jugements ou *décrets* (2) les affaires qui se présentaient, mais ils publiaient aussi des édits qui fixaient pour l'avenir les règles d'après lesquelles la justice serait rendue pendant le cours d'une magistrature. Les édits les plus célèbres et les plus importants étaient ceux des préteurs. Quelques autres magistrats, et principalement les édiles curules, publiaient aussi des édits, mais seulement *ex certis causis*, sur quelques branches d'administration particulière (3).

47. Les édits des magistrats obtinrent une autorité qui, sans être assez forte pour déroger ouver-

(1) On en cite un exemple au §. 6, *de hered. qualit. et diff.* II-XIX.

(2) Le nom de décret s'applique aux décisions des magistrats comme à celles des princes, et dans le même sens. V. le §. 6, *de curat.* I-XXIII.

(3) Par exemple, pour la sûreté des chemins, celle des marchés et autres objets de police. V. le §. 1, *si quadrup. paup.* IV-IX; et le titre du digeste, *de edilit. edict.* XXI-I.

tement

tement aux lois, leur permit néanmoins d'en modifier l'application d'une manière aussi utile qu'importante. Bientôt ces édits établirent des principes nouveaux et formèrent en quelque sorte un droit distinct; et tantôt en suppléant au silence des lois, tantôt en mitigeant leur rigueur, ils ramenèrent peu à peu la législation à un système plus doux et plus humain (1).

48. Le droit établi par les édits des magistrats se nomme droit prétorien ou honoraire, par opposition au droit civil proprement dit, qui se compose des lois, plébiscites, sénatus-consultes, constitutions et réponses des prudents (2).

49. Les édits des magistrats étaient annuels comme leurs fonctions. L'empereur Adrien fit compiler par Salvius Julianus un édit immuable, qui, sous le nom d'édit perpétuel, servit de règle à tous les préteurs qui cessèrent alors d'en publier de nouveaux.

§. 8.

50. Les jurisconsultes, autrement dits à Rome les prudents, donnaient des décisions et des avis (3) qui n'avaient jamais force de loi par

---

(1) V. le §. 9, *de hered. quæ ab intest. defer.* III-I, et le §. 3, *de legit. agnat. success.* III-II.

(2) V. entr'autres distinctions, celle des obligations et actions civiles, d'avec les obligations et actions prétoriennes. §. 1, *de oblig.* III-XIV; §. 3, *et sequ. de act.* IV-VI.

(3) Décisions (*sententiæ*), et avis (*opiniones*) selon qu'ils énonçaient un principe certain, ou simplement une opinion personnelle. V. Théophile, *hìc.*

B

eux-mêmes, mais seulement lorsqu'ils étaient confirmés et adoptés par un usage constant (1); ce que l'on dit ici des réponses des prudents n'est donc pas applicable aux réponses de tous les temps ni à celles de tous les jurisconsultes; aussi distinguerons-nous trois époques: l'une, antérieure à Auguste; la seconde, depuis Auguste jusqu'à Théodose le jeune; et la troisième, postérieure à ce prince.

51. Dans la première époque, pouvait se dire jurisconsulte quiconque en avait le talent; mais sous Auguste il fallut pour répondre sur le droit en avoir reçu l'autorisation du prince; et c'est à cette seconde époque que se reporte Justinien lorsqu'il parle de ceux *à qui l'on avait permis de répondre sur le droit.*

52. Ensuite il ajoute que leurs décisions et avis à tous étaient obligatoires pour le juge, et par là il se reporte, comme l'indique le mot *constitutum*, à ce qui fut établi par une constitution de Théodose le jeune. Ce prince ne donna point aux jurisconsultes de son temps le privilége de lier les juges par leurs avis; seulement il choisit neuf anciens jurisconsultes décédés depuis longtemps et accorda force de loi à leurs ouvrages; et c'est par l'autorité que Théodose leur a formellement accordée, que les opinions de ces jurisconsultes sont devenues parties du droit écrit (2).

---

(1) Et dans ce sens, l'interprétation des prudents forme un droit non écrit. L. 2, §. 14, ff. *de origin. jur.*; V. l'explication du §. 9.

(2) Pothier, *Pand. Just. prœf.*, *part.* 1, *ch.* 4, §. 2, n°. 2.

On prit dès-lors pour loi l'avis qui aurait été celui de tous (*quorum omnium*), ou même en cas de dissentiment, celui de la majorité (1).

§. 9.

53. Le droit non écrit doit sur-tout son origine aux réponses des prudents et aux discussions connues sous le nom de *disputatio fori*. En effet, les jurisconsultes se réunissaient devant le temple d'Apollon pour examiner entr'eux les points de droit les plus difficiles, et quand un avis réunissait tous les suffrages, cette opinion reçue (*recepta sententia*), devenant bientôt un usage général, obtenait la même force que le droit écrit.

54. Les jurisconsultes donnèrent ainsi aux lois civiles d'importantes extensions, mais toujours dans le sens de la loi même. Aussi leurs interprétations, assimilées à la loi, font-elles partie du droit civil proprement dit (2), par opposition au droit prétorien.

§. 10.

55. Ce sont les lois de Lycurgue et de Solon dont les décemvirs se sont servi pour composer la loi des douze tables, dans laquelle celle des deux législateurs fut refondue avec plusieurs institutions déjà établies à Rome.

Ce que Justinien dit ici d'Athènes et de Lacé-

---

(1) L. *un.* Cod. Théod., *de resp. prud.* V. ci-dessus au n°. 12.

(2) V. §. *un. de legit. patron. tut.* I-XVII.

démone semblerait indiquer que les lois de Sparte formaient un droit non écrit, et celles d'Athènes un droit tout écrit. Si telle est l'idée des rédacteurs des institutes, ils ont fait un faux rapprochement. Car, Lycurgue ayant établi un corps de législation certain et déterminé, les lacédémoniens avaient un droit écrit, dans le sens qu'on a donné jusqu'ici à cette expression, encore bien que les lois de Lycurgue n'eussent jamais été confiées qu'à la mémoire. On ne peut pas douter non plus qu'Athènes n'ait eu dans son droit des parties introduites par l'usage, et qu'on a pu mettre par écrit sans en changer l'origine.

§. 11.

56. Après avoir examiné d'où naissent les différentes espèces de droit, on établit dans quels cas et de quelles manières chacune d'elle peut changer. Le texe suffit sans autre explication, cependant il faut remarquer que, par ce droit naturel qui est observé chez tous les peuples, Justinien entend parler du droit primaire, et en effet ce droit reste toujours le même, encore bien qu'on s'écarte de ses préceptes : on les néglige sans les détruire.

57. Par ce qui est dit ici du droit civil, on voit que chaque chose cesse comme elle a commencé ; en appliquant le même principe au droit secondaire, on reconnaîtra qu'il peut changer, mais seulement avec l'esprit général des nations policées et sur un petit nombre de points que les progrès de la civilisation modifient peu à peu.

§. 12.

58. Rendre à chacun ce qui lui appartient suppose la connaissance de deux points différents, savoir : ce que chacun est, en quoi consiste ce qui lui appartient ; de là deux objets du droit, les personnes et les choses. Il est évident que les personnes sont le premier objet du droit, ou plutôt son objet primitif et principal, puisque les choses et le droit lui-même n'existent que pour l'homme ; et, comme il y a différents droits pour différentes classes de personnes, il faut d'abord faire connaître ces classes ; c'est ce dont Justinien s'occupe dans ce premier livre, en remettant à traiter séparément dans les livres postérieurs, des autres objets du droit.

59. Cependant comme aucun de ces préceptes ne s'applique isolément, soit aux personnes, soit aux choses, chaque objet du droit pourra faire l'objet principal, mais non l'objet exclusif d'un traité séparé ; ainsi, en parlant des personnes, nous aurons nécessairement à parler des choses et même d'un troisième objet du droit, c'est-à-dire, des actions.

60. En effet, il ne suffit pas qu'une loi existe et attribue à une personne telle ou telle faculté, il faut encore qu'il y ait pour agir et exercer cette faculté un mode déterminé, afin que l'on puisse éviter l'arbitraire.

Les différents modes donnés pour exercer les facultés accordées par la loi, font en quelque sorte agir la loi même et la mettent en action, et de là leur est venu le nom d'actions de la loi ou actes légitimes ; tel est le troisième objet du droit désigné dans le texte de ce paragraphe, par le simple titre d'*actions* (1), quoique ce mot ne se prenne pas ordinairement dans une signification aussi étendue, comme on le verra plus tard (2).

---

(1) Pothier, *Pand. Just. præf.*, *part.* 1, *ch.* 1, §. 3.
(2) Sur le pp. *de action.* IV-VI.

TITRE III.

Du droit des personnes.

PP.

61. DÈS l'instant où s'est introduit un droit secondaire, la guerre produisit l'esclavage, et de là une première division des hommes en deux classes, c'est-à-dire, en libres et esclaves.

Les premiers conservent entr'eux la jouissance et l'exercice du droit des gens, dont les autres sont en quelque sorte privés ; je dis *en quelque sorte*, parce qu'il s'en faut de beaucoup que les esclaves cessent d'être considérés comme hommes ou personnes, puisqu'ils sont toujours compris dans les divisions que le texte donne des personnes ou hommes (1) ; quelquefois cependant l'esclave est assimilé aux choses, mais c'est parce qu'il appartient en même temps et sous différents rapports à la classe des personnes et à celle des choses, ainsi que nous le démontrerons dans plusieurs occasions.

§. 1.

62. La liberté de faire absolument tout ce qui plaît est aussi incompatible avec la nature de l'homme, que la toute-puissance. Cette liberté est donc restreinte en nous d'abord par tous les obstacles supérieurs à notre faiblesse absolue ou

(1) *Text. hic*, et pp. *de his qui sui vel alien. jur.*

relative (*nisi si quid vi...... prohibetur*). On ajoute une seconde restriction, celle des choses défendues par la loi (*aut jure*), parce que dans toute société chacun aliéne réciproquement une partie de sa liberté individuelle, afin de n'être pas lui-même gêné par la liberté illimitée des autres. On sacrifie une partie pour mieux assurer la jouissance du reste ; mais ce sacrifice, quelle qu'en soit l'étendue, n'est jamais pour l'homme libre qu'une exception. Ainsi, lorsqu'il s'agit d'exercer une faculté naturelle, ce n'est point à lui de voir si quelque loi le lui permet. Il conserve, en règle générale, tout ce qui ne lui est point retiré par la loi ; si quelqu'un allégue une prohibition ou pour mieux dire une exception, c'est à lui de la prouver.

63. Mais cela n'est vrai et ne s'entend ici que des facultés naturelles à l'homme (*naturalis facultas*). Quant aux droits nouveaux que la loi civile introduit, il est évident qu'ils n'appartiennent qu'à ceux à qui elle les donne expressément ; elle n'a pas besoin de les retirer aux autres, puisqu'ils ne les ont jamais eus (1).

§. 2.

64. A la différence de l'homme libre, l'esclave est, même pour les facultés naturelles, dans une prohibition générale ; s'il peut quelque chose,

(1) Nous en verrons un exemple dans la faculté de tester, introduite par la loi des douze tables en faveur des pères de familles. Jamais aucune loi n'en a privé les fils de famille, et cependant ils n'en jouissent pas.

ce n'est que par exception. Tombé sous la domination d'un vainqueur despotique, il ne fait que ce qu'on lui permet, parce qu'il est considéré comme ayant tout perdu et comme n'existant plus que pour son maître.

§. 3.

C'est ce que démontre l'étymologie même du mot *servus* (serf), qui n'est qu'une abréviation du mot *servatus* (conservé), parce que les esclaves, pris les armes à la main par l'ennemi, reçoivent du vainqueur la vie qu'il pouvait leur ôter; mais par là celui-ci ne renonce pas entièrement à son droit, il en diffère seulement l'exercice dans son propre intérêt et nullement dans celui du captif qui reste ainsi sous l'entière domination du maître.

Le mot *mancipium* indique un objet sur lequel on a mis la main et que l'on tient sous sa puissance (1).

§. 4.

65. On applique ici aux esclaves, considérés comme choses, un principe qui sera développé plus loin (2) et par suite duquel l'enfant d'une femme esclave naît esclave du même maître. On dit d'une femme esclave (*ex ancillis nostris*),

(1) *Manus*, la main, est synonyme de puissance. PP. *de libertin.* I-V. Sans doute parce que dans l'origine on n'avait réellement en son pouvoir que ce qu'on avait sous la main.

(2) §. 19, *de rer. div.* II-I.

sans aucun égard à la condition du père, parce qu'il n'y a de paternité certaine que pour l'enfant issu de justes noces. Or, il n'y a de noces qu'entre citoyens romains, et par conséquent entre personnes libres (1).

66. Il y a donc des esclaves de naissance. Il en est d'autres qui sont devenus tels par un fait postérieur. C'est ce qui arrive, d'après le droit des gens, aux prisonniers faits sur l'ennemi (2), c'est-à-dire, sur les peuples étrangers qui nous font ou à qui nous faisons une guerre de nation à nation (3).

67. Le droit civil a introduit plusieurs autres manières de faire tomber un homme libre dans l'esclavage; car, outre la vente qu'on laisse faire de soi-même et qui est citée dans ce texte, il y a encore la condamnation aux mines ou aux bêtes, et, pour les affranchis, la révocation de l'affranchissement en cas d'ingratitude envers le patron (4).

68. La liberté n'a point de prix (5) et par conséquent ne peut être vendue (6); aussi ne s'est-on jamais vendu soi-même; mais quelquefois on se faisait passer pour esclave et vendre par un autre, afin de tromper l'acquéreur, partager le prix et

---

(1) V. pp. et §. 12, *de nupt* I-X.

(2) §. 17, *de rer. divis.* II-I.

(3) Autrement, il n'y aurait pas guerre, mais seulement piraterie ou brigandage. L. 118, ff. *de verb. signif.*

(4) §. 1, *de capit. demin.* I-XVI. V. aussi le §. 1, *de success. sublat.* III-XIII.

(5) §. *ult. qui et ex quib. caus.* I-VI.

(6) §. *ult. de empt. vend.* III-XXIV.

réclamer ensuite sa liberté. En punition de cette fraude, on établit que, dans ce cas, la liberté ne pourrait plus être réclamée. Mais il faut, pour empêcher cette réclamation, que le prétendu esclave, vendu à un acquéreur de bonne foi (1), ait bien connu sa condition, ait réellement touché une partie du prix et eût plus de vingt ans, sinon lors de la vente, au moins lors de la réception par lui faite de sa part du prix (2).

69. L'homme condamné aux bêtes ou aux mines à perpétuité, devenait esclave de la peine ou du supplice dont il était en quelque sorte la proie. Cette servitude a été supprimée dans la suite par Justinien (3).

70. Lorsqu'un affranchi se montre ingrat envers son patron, celui-ci peut le faire condamner, et il rentre alors en servitude (4).

§. 5.

71. Les droits du maître, également absolus sur tous les esclaves, ne laissent entr'eux aucune différence légale, quoique de fait, la différence des emplois rende le sort des uns bien meilleur que celui des autres. Au contraire, la loi met de grandes différences entre les hommes libres, selon qu'ils sont ingénus ou affranchis, c'est-à-dire, selon que la liberté est en eux un droit inné, ou simplement un droit acquis.

(1) L. 7, §. 2, ff. *de liber. caus.* XL-XII.

(2) L. 1, §. 1, ff. *quib. ad libert. procl. non lic.* XL-XIII; L. 7, §. 1, ff. *de liber. caus.* XL-XII.

(3) Nov. 22, V §. 3, *quib. mod. jus patr. pat. solv.* I-XII.

(4) §. 1, *de capit. demin.* I-XVI.

TITRE IV.

Des ingénus.

PP.

72. Un ingénu est libre par naissance. Il s'agît donc de savoir comment on peut naître libre (1).

D'après les derniers mots du texte, il suffirait que la mère fût libre un seul instant pendant sa grossesse ; mais quoique vraie, cette règle n'est que le résultat de plusieurs principes nécessaires à exposer.

73. Le texte parle d'abord de l'enfant issu d'une union légitime (*matrimonio editus*). Il est toujours ingénu et l'on n'entre à son égard dans aucun détail. En effet, son état se détermine toujours par celui du père, et ce d'après l'époque de la conception (2). Or, à cette époque, les deux époux sont nécessairement libres, et peu importe s'ils perdent ensuite la liberté (3).

74. Quant aux enfants non légitimes (4), le

---

(1) Sans examiner si les père et mère sont eux-mêmes ingénus ou affranchis. PP. *h. t.* L. 11, C. *de oper. libert.*

(2) V. le §. 9, *quib. mod. jus. patr. pot.* I-XII.

(3) Cela ne nuit en rien ni à la liberté de l'enfant, ni à ses droits civils. L. 18, ff. *de stat. homin.* I-V ; Caïus, *inst.* I-4-10.

(4) Il y en a deux espèces qu'il faut se garder de confondre : les bâtards (*spurii*) et les enfants naturels. Nous en parlerons sur le §. 13, *de nupt.* I-X.

droit ne leur reconnaît point de père ; ils ne peuvent donc suivre que la condition de leur mère, considérée à l'époque de l'accouchement, seul fait constant qui puisse prouver la filiation (1). Il suffit donc que la mère soit libre en accouchant quoiqu'elle ait conçu dans l'esclavage ; et réciproquement l'enfant d'une esclave devait naître esclave, encore que sa mère eût été libre au moment de la conception, et telle était autrefois la décision du droit strict (2).

75. Cependant ici le texte déclare que cet enfant naîtra ingénu, parce que, dit-on, *le malheur de la mère ne doit pas retomber sur celui qu'elle porte dans son sein.* Mais comment ce malheur pourrait-il retomber sur l'enfant, si son état était déjà déterminé, s'il lui suffisait d'avoir été conçu par une mère encore libre, et si l'époque de l'accouchement était désormais indifférente ; elle ne l'est pas évidemment, puisqu'on en condamne les conséquences ; et en effet, en considérant l'espérance que cet enfant avait de naître libre, et l'événement qui le fait naître esclave, on a dû le plaindre de n'être pas né quelques jours ou même quelques instants auparavant ; et bientôt on a supposé vrai ce qu'on aurait désiré dans l'intérêt de l'enfant, c'est-à-dire, qu'on

(1) La paternité ne se prouve pas. Elle n'est déterminée qu'en cas de noces par une présomption qui supplée une preuve impossible, et l'on remonte alors à l'époque de la conception, parce que c'est le seul point de contact entre le père et l'enfant.

(2) Caïus, *inst. ibid.* Ulpien, *fragm.*, *tit.* 5, §. *dernier.*

le suppose né pendant que sa mère était encore libre (1).

76. Ainsi le principe subsiste, c'est toujours l'accouchement qui détermine la maternité et l'état de l'enfant, mais une fiction de droit déplace les faits et reporte l'accouchement à l'époque la plus favorable pour l'enfant. C'est ainsi qu'une mère, esclave aux deux époques de la conception et de l'accouchement, accouche cependant d'un ingénu, lorsqu'elle a été libre dans l'intervalle.

§. 1.

77. Un homme libre peut être par erreur tenu en esclavage (*in servitute*) sans être réellement esclave. Un ingénu affranchi dans ce cas par son prétendu maître, reste-t-il ingénu, devient-il affranchi ? Telle est la question décidée dans ce paragraphe.

Un ingénu devenu réellement esclave, en recouvrant la liberté, ne serait qu'un affranchi ; cela n'est pas douteux (2), mais ce dernier diffère beaucoup du précédent. Le premier, considéré comme esclave, n'en est pas moins libre ; ingénu

(1) Ici l'enfant conçu est regardé comme déjà né, d'après une fiction dont nul autre que lui ne profite jamais, L. 231, ff. *de verb. signif.*; L 7, ff. *de stat. homin.* I-V, et dont il ne profite lui-même que dans un certain nombre de cas. (V. §. 4, *de tutel.* I-XII.) Celui-ci tient à une faveur spéciale pour la liberté. Car relativement à la jouissance des droits civils, l'enfant conçu hors mariage suit toujours la condition de la mère, d'après l'époque de l'accouchement. L. 18, ff. *de stat. homin.* I-V ; Pothier, *Pand. Just.*, 1-5-13 *not.*

(2) L. 21, ff. *de stat. homin.* I-V.

avant son affranchissement, il l'est encore après; car cette manumission n'efface pas les droits que l'on a conservés depuis la naissance. Le second est un véritable affranchi, parce qu'il était esclave et qu'il a cessé de l'être. Ce n'est pas non plus l'affranchissement qui lui ôte la qualité d'ingénu, c'est l'esclavage dans lequel il était légalement tombé.

TITRE V.

Des affranchis.

PP.

En effet, le véritable affranchi est celui qui a été libéré d'une servitude légitime (1). Au lieu du mot *libéré*, dont je me sers ici, le texte dit *manumissi*, c'est-à-dire, *libérés par manumission*, parce qu'en effet la liberté se donne par la manumission. Cependant, comme en certains cas un esclave peut acquérir la liberté sans aucun acte d'affranchissement (2); à la définition que donnent les premiers mots du texte, il sera plus exact de substituer celle qui se trouve à la fin, car il importe peu de quelle manière on a cessé d'être esclave, pourvu qu'on l'ait été et qu'on ait cessé de l'être.

78. Il faut remarquer dans ce texte trois choses, savoir : 1°. l'origine de la manumission qui vient du droit des gens ; 2°. sa définition tronquée mais facile à rétablir par celle qui se trouve au

(1) *Ex justâ servitute*, pp. *h t.* Le mot *justus* indique toujours une chose conforme à la loi civile. C'est en ce sens qu'on dit *justam libertatem*, §. 3, *h. t. Justas nuptias*, pp. *de nupt.*

(2) Par exemple pour le récompenser, lorsqu'il a découvert des faux monnoyeurs, et dans plusieurs autres cas. L. 2, *et tot. tit.* C. *pro quib. caus. serv. pro præm.* VII-XIII. V. le titre du digeste, *qui sine manum. ad libert. perven.* XL-VIII.

digeste (1) ; et 3°. enfin, la triple distinction que le droit des gens a introduite, distinction dans laquelle les hommes libres sont séparés des affranchis, parce qu'ici l'on entend par *hommes libres* ceux qui l'ont toujours été, c'est-à-dire, les ingénus.

§. 1.

79. Justinien passe aux différentes manières d'affranchir.

Le maître affranchit son esclave, 1°. dans l'église en présence du peuple et avec l'assistance des évêques qui signent l'acte d'affranchissement (2). Ce mode introduit par Constantin paraît avoir remplacé celui qui avait lieu à Rome, lorsqu'avec la permission du maître l'esclave s'était fait porter avec les citoyens romains sur le recensement qui se faisait tous les cinq ans, et dont l'usage avait cessé depuis long-temps (3).

Un maître affranchit aussi son esclave, 2°. par la vindicte, devant le magistrat compétent, avec des formes et des paroles solennelles (4).

---

(1) *De manu datio* n'offre point de sens. Il faut lire *de manu missio, id est, libertatis datio*. L. 4, ff. *de just. et jur.* 1-1.

(2) L. 1, C. *de his qui in eccles.* 1-XIII. Du vivant de Pothier, il existait encore un monument de cette espèce d'affranchissement sur la porte de la principale église d'Orléans. *Pand. Just.* 40-1-1.

(3) Ulpien, *fragm.*, *tit.* 1, §. 4.

(4) Le mot *vindicte* vient du nom d'une baguette dont se sert le licteur; et selon quelques autres du nom de l'esclave *Vindicius*, premier esclave qui ait été affranchi de cette manière, après avoir découvert la conjuration des Tarquins. Pothier, *Pand. Just.* 40-2-1.

3°. Entre amis ;

Et 4°. par lettre, c'est-à-dire, par une déclaration verbale ou écrite, mais toujours confirmée par cinq témoins, qui, dans le dernier cas, signent la lettre (1).

5°. Par testament ou par autre acte de dernière volonté, c'est-à-dire, un codicille (2).

6°. Enfin, par plusieurs autres manières dont nous aurons occasion de voir quelques-unes (3).

§. 2.

80. C'est aux affranchissements par vindicte qu'est relatif le texte de ce paragraphe ; les actes pour lesquels on recourt à l'autorité du magistrat se font à jour fixe et dans l'enceinte de son tribunal, lorsqu'il exerce une juridiction contentieuse ; mais pour les actes de juridiction volontaire, comme l'affranchissement, l'adoption, l'émancipation, on peut profiter en tous lieux et en tous temps de la présence du magistrat (4).

§. 3.

81. On voit dans le texte de ce paragraphe, l'unité primitive de condition entre tous les affranchis ; leur division en trois classes au moyen de plusieurs distinctions établies par les lois Junia

(1) L. *un.*, §. 1 et 2, C. *de latin. libert. toll.* VII-VI.

(2) Nous parlerons des testaments et codicilles au second livre. V. §. 1, *de sing. reb.* II-XXIV.

(3) La plupart, tant anciennes que nouvelles, sont énumérées au code. L. *un. de latin. lib. toll.* VII-VI.

(4) L. 2, ff. *de off. proc.* I-XVI.

Norbana et Ælia Sentia (1) ; et enfin, leur réunion en une seule et même classe par Justinien. Ceci exige quelques explications.

La volonté du maître ne suffit pas seule pour donner la liberté, il faut la revêtir des formes consacrées pour opérer la manumission. Dépouillée de ces formalités, la volonté du maître qui laisse vivre l'esclave comme s'il était libre, n'est qu'une pure tolérance dont on peut se départir à chaque instant. L'esclave est en liberté sans être libre ; à la différence du véritable affranchi, c'est-à-dire, de celui qu'un affranchissement légal a définitivement et irrévocablement mis hors de la puissance du maître.

82. La loi civile ne connaissait que trois manières d'affranchir, le cens, la vindicte et le testament. Toutes trois donnaient avec la liberté le titre de citoyen romain ; les autres manières ne suffisaient pas pour libérer l'esclave, mais sans le rendre libre elles le mettaient en liberté.

Son maître aurait pu le rappeler sous sa domination. Les préteurs s'y opposèrent et contraignirent à laisser vivre *en liberté* l'esclave qu'on y aurait mis, mais sans préjudice des autres suites de la puissance dominicale (2).

83. Ce tempérament du droit prétorien fut

---

(1) Elles ont été portées, savoir : la loi Ælia Sentia, en 757, sous le consulat de S. Ælius Catus et de C. Sentius Saturninus ; et la loi Junia Norbana, en 772, sous le consulat de Junius Silanus et de Norbanus Balbus.

(2) Tout ce qu'il acquérait était acquis au maître. V. le fragment d'un ancien jurisconsulte, rapporté dans Pothier, *Pand. Just.* 1-5-25.

transformé par la loi Junia Norbana en une disposition du droit civil. Les esclaves affranchis par lettres, entre amis, etc., purent rester en liberté de plein droit et sans recourir à la protection prétorienne. Et dès-lors il commencèrent à former une classe de véritables affranchis reconnus par la loi, et auxquels on assigna des droits particuliers en les assimilant non pas aux citoyens romains, mais aux *latins coloniaires* (1).

Cependant et quant aux effets, cette liberté latine n'était qu'une jouissance de la liberté. L'affranchi latin vivait libre, mais à sa mort il était réputé n'avoir jamais cessé d'être esclave, et le patron rentrait dans tous les droits d'un maître (2).

84. D'après la loi Junia Norbana on distingua donc deux espèces d'affranchis : les citoyens romains et les latins juniens. Un affranchi devenait citoyen romain lorsqu'il avait été libéré par l'une des trois manières primitives, et qu'aucune cause particulière ne l'empêchait d'arriver à cette qualité de citoyen. Il y avait trois causes qui pouvaient l'empêcher.

La première était l'espèce de propriété que le maître avait sur l'esclave. Il fallait pour rendre ce dernier citoyen romain, avoir sur lui le domaine quiritaire, c'est-à-dire, la propriété acquise dans les formes et avec les conditions réglées non par

(1) On appelait ainsi les personnes qui s'étant fait inscrire et recevoir parmi les citoyens des villes du Latium, avaient perdu le droit de cité dans Rome. V. le fragment ci-dessus cité, et Vinnius, *hic*.

(2) §. 4, *de success. libert.* III-VIII.

le simple droit des gens, mais par la loi civile (1).

La seconde cause était l'âge de l'esclave. La loi Ælia Sentia exigeait un motif légitime pour affranchir un homme de moins de trente ans (2).

La troisième cause était d'après la même loi Ælia Sentia l'indignité personnelle d'un esclave qui aurait été mis aux fers, marqué ou torturé (3), l'affranchissement dans ce cas ne le rendait pas même latin; il entrait dans une troisième classe d'affranchis, nommés *déditices* (4).

85. Justinien qui avait déjà supprimé par une première constitution les déditices ; par une seconde, les latins juniens, donne ici à tous les affranchis le titre de citoyen romain sans distinguer l'âge de l'affranchi, la propriété du maître, ni le mode d'affranchissement (5). Et dans les novelles il va même jusqu'à supprimer aussi la différence des ingénus et des affranchis, sauf toutefois les droits du patron (6).

---

(1) Ulpien, *fragm.*, *tit.* 1, §. 16. Pothier, *Pand. Just.* 1-5-27. Théophile, §. 4, *h. t.*

(2) Ulpien, *fragm.*, *tit.* 1, §. 12. Pothier, *loc. cit.*

(3) Ulpien, *fragm.*, *tit.* 1, §. 11. Pothier, *Pand. Just.* 1-5-34.

(4) Pour les assimiler aux peuples tributaires qui s'étaient révoltés et ensuite livrés à discrétion, et à qui les romains avaient laissé la vie et une ombre de liberté.

(5) Dans le texte, après ces mots *nullo nec ætatis manumissi*, relatifs à l'âge de l'affranchi, au lieu de *nec domini*, qui se rapporterait mal à propos à l'âge du maître, il faut lire *nec dominii*, ce qui rappelle l'ancienne distinction entre le domaine bonitaire et le domaine quiritaire, distinction également supprimée par Justinien. L. *un.*, C. *de nud. jur. quir. toll.* VII-XXV.

(6) Nov. 78, ch. 1 et 2.

TITRE VI.

Des personnes qui ne peuvent affranchir, et par quels motifs.

PP.

86. On vient de voir plusieurs dispositions de la loi Ælia Sentia relatives aux esclaves : la même loi, par deux chefs particuliers aux maîtres, les empêche d'affranchir, soit en fraude des créanciers, soit avant l'âge de vingt ans (1).

87. Un créancier peut faire vendre les biens de son débiteur pour être payé sur le prix ; il peut même faire révoquer les aliénations consenties en fraude de ses droits, mais il lui est impossible d'atteindre en aucune façon l'esclave affranchi. La liberté une fois acquise ne peut plus être retirée. Il était donc nécessaire de déclarer qu'elle ne serait point acquise par suite d'un affranchissement frauduleux, qui d'après la loi Ælia Sentia est nul et sans effet (2), du moins à l'égard des créanciers fraudés (3).

88. Quant au débiteur qui affranchit en fraude de ses créanciers, il peut d'autant moins con-

---

(1) *Text. hìc*, *et* § 4, *h. t.*

(2) Nihil agit. *Text. hìc.*

(3) Cela ne peut jamais s'appliquer aux créances postérieures à l'affranchissement. Il est évident qu'il n'a pu leur nuire, puisqu'elles n'existaient pas encore. L. 15, ff. *quæ in fraud. cred.* XLII-VIII.

tester la validité de l'affranchissement, que nul n'est admis à se prévaloir de sa propre fraude. Ainsi l'affranchissement quoique nul subsiste si les créanciers fraudés ne l'attaquent pas, ou s'ils ne l'attaquent qu'après plus de dix ans (1).

§. 1.

89. Il est même une espèce d'affranchissement qu'ils ne peuvent faire annuller, c'est celui qui est conféré par le maître à son esclave en l'instituant héritier. La qualité d'héritier oblige à remplir toutes les obligations du défunt. Nul ne voudrait donc accepter l'hérédité d'un homme insolvable ; et faute d'héritier, les biens du défunt seraient vendus sous son nom. On lui permet pour éviter cette honte d'affranchir un esclave en l'instituant héritier, au moyen de quoi celui-ci devient héritier nécessaire, c'est-à-dire, malgré lui (2). Toutefois le maître insolvable ne peut affranchir ainsi qu'un seul esclave (3), et seulement à défaut de tout autre héritier testamentaire (4).

§. 2.

90. Il n'est pas même nécessaire que la liberté

(1) L. 1, §. 1, ff. *de statulib*; L. 16, §. 3, ff. *qui et a quib. manum.* XL-VII et IX.

(2) §. 1, *de hered. inst.*; §. 1, *de hered. qualit. et diff.* II-XIV et XIX.

(3) Heresque ei solus. *Text. hìc.*

(4) Si modo nemo alius, etc. *Text. hìc.* L. 57, ff. *de hered. inst.* XXVIII-V. V. l'explication du pp. *de vulg. substit.* II-XV.

soit expressément conférée à l'esclave que son maître institue. L'affranchissement est une conséquence tacite de l'institution, puisque l'esclave ne pourrait devenir héritier en restant esclave. Cette conséquence avait été sentie même avant Justinien par Attilicinus, célèbre jurisconsulte proculéïen; mais le plus grand nombre persistant à exiger un affranchissement formel, l'avis d'Attilicinus n'avait point été suivi dans l'usage (1). Adoptée par Justinien dans une des cinquante décisions (2), cette ancienne opinion (3) devint une loi nouvelle (4).

§. 3.

91. Un maître affranchit en fraude, lorsqu'il est déjà insolvable, ou lorsqu'il le devient par l'affranchissement même. D'après cette décision du texte il suffirait que la manumission, pour être déclarée nulle, causât un tort réel aux créanciers. Tel était en effet l'avis de Caïus, contraire à ceux de Julien et d'Ulpien qui ne reconnaissaient point de fraude sans intention de la part du maître. Leur opinion a prévalu, et c'est une règle générale en matière de fraude qu'elle se constitue d'un tort réel causé avec intention (5).

Pour trouver quelque suite dans les idées de ce texte, il faut lire cette phrase *sœpè enim* comme

---

(1) Ulpien, *fragm.*, *tit.* 22. §. 12.

(2) L. 5, C. *de necess. serv. hered. inst.* VI-XXVII.

(3) Quod non per innovationem. PP. *de hered. inst.* II-XIV.

(4) Novâ humanitatis ratione. *Text. hìc.*

(5) L. 79, ff. *de reg. jur.*

elle

elle se trouve dans Caïus même (1), c'est-à-dire, immédiatement après ces mots *desiturus est solvendo esse.* L'intercalation mise ici entre l'opinion de Caïus et le motif qu'il en donne, est d'autant plus mal-adroite que la modification *prævaluisse tamen* ne devrait pas elle-même être séparée de sa conséquence, *itaque tunc*, etc.

§. 4.

92. Les mineurs de vingt ans ne peuvent d'après ce texte, affranchir que par la vindicte (2) pour des motifs légitimes approuvés par un conseil spécial.

On est mineur ou majeur par rapport à un âge quelconque selon qu'on est au-dessous ou au-dessus de cet âge. Au dernier jour de la dernière année on n'est pas encore au-dessus, mais on n'est déjà plus au-dessous, ce qui suffit ici pour n'être plus dans les prohibitions d'une loi qui n'inter-

(1) L. 10, ff., *qui et a quib. manum.* XL-IX. V. l'avis de Julien dans la loi 15, ff. *de his quæ in fraud. cred.* XLII-VIII, et celui d'Ulpien dans la loi 1, ff. *de statulib.* XL-VII.

(2) Pourquoi par la vindicte exclusivement? On l'ignore, les auteurs ne s'accordent pas sur ce point. Cependant il est certain qu'un mineur de vingt ans peut affranchir par testament pour se donner un héritier nécessaire, L. 27, ff. *de manumiss. test.* XL-IV.; que la liberté directe peut être laissée dans un testament militaire, et la liberté fidéicommissaire dans le testament de toute autre personne qui a de justes motifs pour affranchir, L. 4, §. 18, ff. *de fideic., libert.* XL-V; L. 4, C. *de test. milit.* VI-XXI. J'admettrais donc avec Vinnius et d'après Théophile la correction proposée par Hotoman et dont le sens est qu'il serait permis au mineur de vingt ans d'affranchir après *avoir exposé devant le conseil une cause légitime de manumission, et fait approuver l'affranchissement.*

dit les affranchissements qu'à ceux qui sont au-dessous de vingt ans (1).

§. 5.

93. Le conseil doit éviter de favoriser la faiblesse d'un jeune maître dont l'esclave pourrait avoir flatté les passions. Il ne faut donc admettre que des motifs fondés sur une affection légitime (2) comme ceux qui sont ici rapportés par forme d'exemple (3) ; dans le nombre, il faut remarquer l'affranchissement d'une femme pour l'épouser, et celui d'un esclave pour lui confier ses affaires. Le premier ne produit son effet qu'autant que le patron épouse l'affranchie dans les six mois, s'il n'y a pas d'empêchement légal, ce qui doit s'entendre d'un empêchement survenu après la manumission, car un mariage déjà impossible ne peut pas servir de motif à l'affranchissement (4). Dans l'intervalle entre l'affranchissement et le mariage, ou l'expiration des six mois, l'état de l'esclave reste en suspens (5).

---

(1) L. 1, ff. *de manumiss.* XL-1. Il en est autrement lorsqu'il s'agit de profiter d'une faveur accordée à la minorité, par exemple : de celle accordée aux mineurs de vingt-cinq ans, pour rescinder les actes par lesquels ils seraient lésés. Ils jouissent de cette faveur même dans la dernière heure de la vingt-cinquième année. L. 3, § 3, ff. *de minor. vig.* IV-IV.

(2) L. 16, ff. *de manumiss vind.* XL-II.

(3) Veluti si quis, *Text. hic;* et en effet, les motifs énoncés ici ne sont pas les seuls. L. 9, ff. *eod.*

(4) L. 14, § 1; L. 15, § 4; L. 20, § 4, ff. *eod.*

(5) L. 19, ff. *eod.*

L'homme que l'on veut affranchir pour le charger de ses affaires doit avoir dix-sept ans pour être capable de postuler en jugement (1), c'est-à-dire, d'exposer devant le magistrat la demande d'une partie ou la défense de l'autre (2).

§. 6.

94. L'approbation du conseil est irrévocable quand même elle serait obtenue sur de faux motifs. Ainsi pour empêcher l'affranchissement, il faut contredire le motif allégué et s'opposer à son admission ; mais on ne revient pas sur la décision prise (3), ni à plus forte raison sur la manumission (4); et en effet, il s'agit moins d'empêcher l'affranchissement que de suppléer ce qui peut manquer à la prudence du maître, et l'on croit y suppléer assez par celle du conseil. Le motif légitime n'est donc pas ici le motif vrai, mais le motif approuvé (5).

§. 7.

95. Un homme à quatorze ans et une femme dès l'âge de douze ans peuvent disposer de tous leurs biens par testament (6) ; ils peuvent donc léguer tous leurs esclaves, et cependant on ne pouvait

(1) §. 7, *in fin*, *h. t.*

(2) L. 1, §. 2, ff. *de postul.* III-I.

(3) L. 9, §. 1, ff. *de manumiss. vind.* XL.-II.

(4) L. 1, C. *de vind. libert.* VIII-I.

(5) V. cependant le §. 20, *de excusat.* I-XXV, et son explication.

(6) §. 1, *quib. non est permiss. fac. test.* II-XII. PP. *quib. mod. tut. fin.* I-XXII.

pas, avant l'âge de vingt ans, en affranchir un seul. Cette disposition de la loi Ælia Sentia n'a rien de déraisonnable ; car il est indifférent pour l'état, qu'un esclave qui reste tel, après le décès de son maître, passe dans telle ou telle autre main ; mais il importe beaucoup que le nombre des affranchis ne devienne pas trop considérable. Néanmoins Justinien trouve une contradiction évidente entre la faculté de léguer ses esclaves et la défense d'affranchir ; mais cette contradiction, il ne la fait pas cesser de suite, il prend un terme moyen et avance à l'âge de dix-sept ans la faculté d'affranchir par testament, et cela parce que la liberté est, dit-il, d'un prix inestimable ; elle l'est effectivement pour celui qui la reçoit, mais pour le maître qui la donne, elle vaut le prix réel de l'esclave,

96. Justinien, dans la suite, plus conséquent avec lui-même, permit d'affranchir par testament, dès l'âge où l'on pourrait tester (1), sans rien changer du reste aux affranchissements entre-vifs, qui restent défendus aux mineurs de vingt ans.

(1) Nov. 119, ch. 2.

TITRE VII.

De l'abrogation de la loi Fusia Caninia.

97. La loi Fusia Caninia (1), sans s'occuper des manumissions entre-vifs, limitait le nombre de celles qu'un maître pourrait faire par testament (2). Cette latitude laissée d'un côté, et cette restriction mise de l'autre, est considérée par Justinien comme une injustice suffisante pour motiver l'abrogation de la loi. Cependant on est souvent obligé de défendre à un testateur ce qu'on permet sans danger à l'homme qui se dépouille de son vivant; car le premier donne bien plus facilement que le second, et souvent les testateurs libéraient tous leurs esclaves par une générosité peu coûteuse pour eux, et très-nuisible à l'état qu'elle inondait d'une foule d'affranchis indignes du titre de citoyen.

98. La crainte de cet abus donna du temps d'Auguste naissance à plusieurs lois restrictives des affranchissements. On regardait alors le titre de citoyen comme trop précieux pour être prodigué selon le caprice des maîtres. Justinien agit dans un esprit tout différent, il facilite les affranchissements, favorise les affranchis, les élève tous au droit de cité et même au titre d'ingénus.

(1) Portée l'an 752, sous le consulat de Fusius ou Furius Camillus et de Caninius.

(2) Ce nombre était proportionné à celui des esclaves du testateur, il ne pouvait jamais excéder cent. V. Ulpien, *fragm.*, *tit.* 1, §. 24.

99. La même loi Fusia Caninia voulait que chaque esclave fût affranchi nominativement. Elle est également abrogée sous ce rapport (1).

Nous aurons occasion de parler ailleurs des prohibitions établies par la loi Julia (2).

---

(1) §. 25, *de leg.*, II-XX. Ulpien, *d. tit.*, §. 25.
(2) PP. *de hered. inst.* II-XIV.

TITRE VIII.

De ceux qui sont sous leur propre dépendance, ou sous la dépendance d'autrui.

100. Les hommes libres exercent entr'eux le droit des gens.

D'autres droits d'une application moins étendue s'exercent respectivement entre les membres d'une même cité ou d'une même famille.

Chaque classe de personnes pour laquelle il existe ainsi des droits particuliers et respectifs entre ses membres, forme ce qu'on appelle un état. Nous aurons donc à considérer les personnes relativement aux droits qu'elles exercent, comme appartenant à trois classes ou états différents, savoir : quant au droit des gens, à la classe des hommes libres ou état de liberté ; quant au droit civil, à la classe des citoyens ou état de cité, et quant aux droits de famille, à l'état de famille, c'est-à-dire, à une réunion de personnes dont nous parlerons incessamment.

101. En examinant quelles personnes entraient ou non dans l'état de liberté, nous avons eu une première division en libres et esclaves, et une subdivision des premières en ingénus et affranchis, selon qu'ils étaient nés ou entrés postérieurement à leur naissance dans cet état de liberté.

102. Relativement à l'état de cité nous aurions de même à examiner les personnes qui le composent ou qui en sont exclues, ce qui mettrait d'un côté

les citoyens romains, et de l'autre non seulement les esclaves, mais plusieurs classes d'étrangers tels que les latins, les italiens et les provinciaux, tous étrangers (*extranei*) en ce sens qu'ils étaient hors de la cité romaine et sans participation au droit civil, quoique faisant partie de l'empire romain (1).

Et en effet, le droit de cité romaine n'appartenait d'abord qu'aux habitants de la ville ou de son territoire (2), ensuite il fut accordé à des particuliers établis ailleurs, et même à des villes entières (3).

Antonin Caracalla déclara le titre de citoyen romain commun à tous les ingénus de l'empire (4), dès-lors il n'y eut plus de distinction relative à la jouissance du droit civil qu'entre les affranchis qui avec la liberté (5) n'acquéraient pas toujours la qualité de citoyen ; mais Justinien ayant également supprimé toute différence entre les affranchis, il n'y eut plus dans l'empire romain que des citoyens et des esclaves. Voilà sans doute pourquoi les insti-

---

(1) V. Sigonius, *de antiq. jur. ital.*, *liv.* 1, *ch.* 1 ; Pothier, *Pand. Just.* 1-5-9. Quant aux nations étrangères à l'empire romain (*barbari*), les lois ne s'en occupent sous aucun rapport, on n'avait avec elles d'autre relation que celle d'une guerre perpétuelle. Peuple étranger et peuple ennemi se désignent en latin par un seul et même mot celui de *hostis*, ADVERSUS HOSTEM ÆTERNA AUCTORITAS ESTO. Cicer. *de offic.*, *liv.* 1, *ch.* 12.

(2) Tite-Live, 6-4.

(3) Sigonius, Pothier, *loc. cit.*

(4) L. 17, ff. *de stat. homin.* 1-V. Pothier, *Pand. Just.* 1-5-24.

(5) §. *ult. de libert.* 1-V.

tutes ne rappellent point une division qui désormais se confond avec la précédente.

103. Il s'agit dans ce titre et les suivants, de l'état de famille.

Le mot famille a plusieurs acceptions et s'applique tantôt aux choses, tantôt aux personnes. Dans le premier cas il signifie l'ensemble des biens qui appartiennent à un individu (1) ; considérée par rapport aux personnes, la famille proprement dite est la réunion des individus soumis à la puissance d'un même chef qui lui-même est membre de la famille (2).

Cependant l'état de famille ne se borne pas aux membres d'une famille proprement dite, car à la mort du chef chacun des enfants qu'il avait sous sa puissance, devient lui-même chef d'une famille particulière ; mais toutes ces familles particulières et ceux qui les composent continuent de former une famille générale qui constitue le véritable état de famille (3). Nous verrons plus bas comment on en peut sortir (4).

PP.

104. Chacun étant donc chef ou sujet d'une famille particulière, les individus qui composent l'état de famille y sont sous la dépendance d'autru

(1) C'est en ce sens qu'on dit *familiæ emptor*. §. 10. *de test. ord.* II-X.

(2) L. 195, §. 2, ff. *de verb. signif.*

(3) L. 195, §. 2, *COMMUNI JURE*, ff. *de verb. signif.*

(4) *Liv.* 1, *tit.* 16.

(*alieni juris*) ou dépendantes d'elles-mêmes (*sui juris*) ces derniers se nomment pères de famille, c'est-à-dire, chefs d'une famille particulière que l'on compose quelquefois à soi seul (1).

Les personnes *alieni juris* sont les esclaves (2) et les fils de famille, soumis les premiers à la puissance dominicale, les seconds à la puissance paternelle du chef ou père de famille.

§. 1.

105. Nous avons vu plus haut l'origine du droit absolu que le maître a d'après le droit des gens sur ses esclaves (3), nous devons ajouter ici que par rapport à son maître l'esclave est moins considéré comme une personne que comme une propriété, c'est-à-dire, comme une chose dont il peut disposer sans restriction, et à plus forte raison en tirer tous les profits possibles. De là vient que l'esclave n'a rien à soi, mais tout à son maître et pour son maître (4).

---

(1) En effet, le père de famille n'est pas celui qui a des enfants, mais celui qui est le maître et auquel se rapportent tous les droits de sa maison. *Qui in domo dominium habet*. On peut être père de famille en naissant, il suffit pour cela de ne pas naître sous la puissance d'autrui. L. 195, §. 2, *de verb. signif.*

(2) Les esclaves font donc partie de l'état de famille? Non. L'esclave est dans la famille particulière de son maître, mais il n'y compte pas et dès-lors ne concourt pas à former l'état de famille. V. notre explication sur le §. 4, *de capit demin.* I-XVI.

(3) §. 3, *de jur. person.* I-III.

(4) Servus nihil suum habere potest. §. 3, *per quas pers.*

§. 2.

106. La sévérité du droit des gens fut modifiée par le droit civil. Antonin le pieux (1) rappelle ici qu'un esclave est toujours homme. Le maître qui le tue sans motif légitime est déclaré coupable d'homicide (2) ; et tout en conservant au maître un droit de correction, le prince voulut encore empêcher les mauvais traitements (3). A cet effet les magistrats doivent informer sur les plaintes des esclaves, et, lorsqu'elles sont fondées, contraindre le maître de les vendre *à bonnes conditions*, c'est-à-dire, à des conditions avantageuses et pour lui et pour eux. Ainsi le maître n'est pas forcé de vendre au-dessous de la juste valeur, mais il ne peut pas non plus imposer à l'acquéreur des obligations préjudiciables à l'esclave, comme celles de ne pas l'affranchir, de le tenir aux fers, de le transférer dans un climat trop rigoureux, etc.

107. Nul n'est obligé de vendre et céder sa propriété malgré soi (4), l'empereur reconnaît lui-

(1) Déjà les princes antérieurs et même une loi portée en 814 sous le nom de loi Petronia étaient venus au secours des esclaves maltraités. V. Sénèque, *de benef.* 3-22 ; Suetone, *Claud* 25 ; Pothier, *Pand. Just.* 1-6-3 ; et enfin, la loi 11, ff. *ad leg. Cornel. de sicar.* XLVIII-VIII.

(2) *Et puni comme tel*, le texte dit : *comme s'il avait tué l'esclave d'autrui*, mais le meurtre d'un esclave et celui d'un homme libre sont punis de la même peine sans distinction. L. 1, §. 2, ff *eod.*

(3) *Sed et major asperitas*, cette disposition a été confirmée par Constantin, L. 1, C. *de emend. serv.* IX-XIV.

(4) Même pour un juste prix. L. 9, ff. *de act. rer. amot.* XXV-II, si ce n'est pour cause d'utilité publique.

même que chacun dispose à son gré de ce qui lui appartient. Mais outre les motifs d'humanité, sa décision est encore fondée sur l'intérêt public (1) et même sur celui des maîtres que l'on exposerait à être pris pour premières victimes du désespoir de ceux que l'on réduirait aux dernières extrémités (2).

108. La constitution d'Antonin fut rendue à l'occasion d'un nommé J. Sabinus dont les esclaves s'étaient réfugiés à la statue du prince, qui est ainsi que les églises un lieu d'asile. N'osant les en arracher, le magistrat fut obligé de consulter l'empereur.

---

(1) Expedit reipublicæ ne quis, etc.

(2) Sed et dominorum, etc.

TITRE IX.

De la puissance paternelle.

PP.

109. On est fils de famille et comme tel soumis à la puissance paternelle par suite de la naissance ou de la conception (1). On le devient encore par un fait postérieur, c'est-à-dire, par légitimation et adoption (2).

Les enfants d'un citoyen romain ne naissent pas tous fils de famille, il faut pour cela qu'ils soient procréés de justes noces (3).

§. 3.

110. Le père de famille a donc sous sa puissance les enfants nés de lui et de son épouse légitime, et même ceux que chacun des fils de famille aurait aussi d'une épouse légitime, parce qu'il n'y a dans chaque famille particulière qu'un seul chef en la personne duquel se réunissent et se confondent tous les droits de ceux qui la composent.

Les femmes n'ont point la puissance paternelle (4), et par conséquent l'aïeul maternel ne l'acquiert point sur les petits enfants que sa fille

---

(1) V. §. 9, *quib. mod. jus patr. pot. solv.* I-XII, et §. *ult.*, *de nupt.* I-X.

(2) §. 13, *de nupt.*; pp. *de adopt.* I-X et XI.

(3) *Text. hic.*

(4) §. 10, *de adopt.* I-XI.

lui donne, quoiqu'elle reste sous sa puissance, même étant mariée.

Ainsi, la femme qui n'est pas sous la puissance paternelle forme une famille qui commence et finit en sa personne (1).

111. Au reste, la puissance paternelle a des effets plus directs sur les enfants du premier degré que sur les autres descendants, comme nous le verrons par plusieurs exemples (2).

§. 2.

112. La puissance paternelle est du droit civil en ce sens, qu'il s'agit ici d'une espèce de puissance particulière qui n'existe qu'à Rome (3); car le droit des gens reconnaît aussi la puissance paternelle, mais comme puissance protectrice qui confie aux père et mère les intérêts de l'enfant, et finit ordinairement lorsque celui-ci est en état d'agir par lui-même. Dans le droit civil, au contraire, la puissance paternelle n'appartient jamais à la mère; plus avantageuse au père qu'aux enfants, elle ne reçoit aucune modification ni par l'âge, ni par les dignités (4), ni par le mariage des enfants. Ceux-ci sont, comme l'esclave, la chose du père; et de là le droit le plus absolu sur la personne du fils de famille et tout ce qu'il acquérait.

---

(1) L. 195, §. 2, ff *de verb. signif.*

(2) V. l'explication du §. 2, *h. t.* V. aussi le §. 1 et le pp. *de exher. liber.* II-XIII.

(3) Proprium civium romanorum.

(4) V. cependant le §. 4, *quib. mod. jus patr. potest. solv.* I-XII.

113. Le père de famille avait sur ses filles et sur tous ses descendants du second degré, sans distinction de sexe, autant de droits ; sur les mâles du premier degré, plus de droits encore que sur un esclave. Les premiers sortaient entièrement de sa puissance dès qu'il les avait aliénés, mais le fils vendu par son père et mis en liberté par l'acquéreur, retombait sous la puissance paternelle, non seulement après une première, mais même après une seconde vente ; car le père de famille n'épuisait son autorité sur lui que par une troisième aliénation (1).

114. Dans la suite, on cessa de vendre ses enfants. Le père ne conserva ce droit que dans le cas d'une extrême misère ; et dans ce cas même, Constantin n'en permit l'exercice qu'à l'instant de la naissance sur un enfant encore sanglant (2).

Le droit de vie et de mort fut également restreint. Le père de famille qui a des sujets de mécontentement peut employer des voies de correction, et même en cas de persévérance, faire infliger par les magistrats telle punition qu'il croirait nécessaire (3). Mais la peine de mort ne peut

---

(1) Si ter filium pater venumdarit, filius a patre liber esto. L. *des 12 tables*.

(2) L'enfant ainsi vendu par son père reste ingénu et se trouve seulement *in servitute* sans être esclave. Il peut se dispenser de servir l'acquéreur en lui donnant un autre esclave, ou une somme égale à la valeur de ses services. Paul, *Sent. liv.* 5, *tit.* 1, §. 1 ; L. 2, C. *de patr. qui fil. suos.* IV-XLIII.

(3) L. 3, C. *de patr. potest.* VIII-XLVII.

être prononcée contre le fils de famille qu'après qu'il a été entendu, et par le magistrat. Le père n'a d'autre droit que celui d'accuser (1).

Quant aux biens acquis par le fils de famille, la puissance paternelle a éprouvé aussi plusieurs modifications dont nous parlerons plus bas (2).

115. Cette puissance, quoiqu'elle paraisse presque tout entière dans l'intérêt du père, n'est cependant pas sans avantage réel pour les fils de famille. Le père et les enfants sont considérés comme ne formant qu'une seule et même personne, et au moyen de cette fiction, le fils est, même du vivant du père, copropriétaire et co-associé de tous les droits de la famille (3), quoique le père en ait seul la disposition et l'exercice. Ces avantages, comme on le verra par la suite, contrebalancent souvent l'intérêt qu'un fils de famille pourrait avoir à devenir son maître (4).

§. 1.

116. La première cause de la puissance paternelle consiste, ainsi que nous l'avons dit, dans les noces. Pour entendre la définition donnée dans ce paragraphe, il faut observer que le mariage, comme la puissance paternelle et plusieurs autres institutions du droit des gens, prend dans le droit

---

(1) L. 42, ff. *ad leg. Cornel. de sicar.* XLVIII-VII.

(2) V. *liv.* 2, *tit.* 9.

(3) §. 2, *de hered. qual. et diff.* II-XIX.

(4) V. L. 11, ff. *de lib. et posth.*, et notre explication du §. 4, *quib. mod. jus patr. pot. solv.*; du §. 3, *de capit. demin.* I-XII et XVI; et du pp. *de exhered. lib.* II-XIII.

civil et pour les citoyens romains un caractère et des effets particuliers.

117. Les citoyens romains s'unissent entr'eux par deux espèces de mariage, soumises, l'une à toutes les règles du droit civil, et l'autre aux simples règles du droit des gens ; la première prend le titre de *noces ;* la seconde, celui de concubinage.

118. Les noces sont donc l'union contractée conformément aux préceptes de la loi civile entre citoyens romains (1) ; ce en quoi elles différaient autrefois du *matrimonium* ou mariage du droit des gens entre personnes libres qui ne jouissaient pas ou dont l'une ne jouissait pas du droit de cité. Aujourd'hui qu'il n'y a plus dans l'empire que des citoyens et des esclaves, tout mariage entre personnes libres est nécessairement un mariage entre citoyens, et dès-lors il n'y a plus de différence entre les noces et le *matrimonium*, qui, en effet, sont assimilés dans la définition.

119. Le concubinage a de commun avec les noces tous les effets que l'on peut attribuer au droit des gens ; mais il en diffère dans tout ce qui tient au droit civil. Ainsi, entr'autres différences, la concubine ne participe ni au rang ni aux honneurs du mari, et ses enfants ne sont ni sous la puissance ni dans la famille du père. Cependant il faut bien se garder de les confondre avec les bâtards, *spurii*, *nothi*, qui sont les fruits d'une union passagère et illicite (2). Du reste,

(1) PP *de nupt.* I-X.

(2) V. §. 12, *de nupt.* I-X ; Pothier, *mariage*, n°. 7 ; le même, *Pand. Just.* 25-7.

l'affection maritale de l'homme pour la femme ; les honneurs conjugaux accordés à celle-ci sont les seuls moyens de reconnaître et de distinguer les noces d'avec le concubinage (1), et c'est par la manière dont les conjoints ont vécu ensemble et par la comparaison de leur condition respective qu'il faut apprécier ces circonstances (2).

120. Les noces sont une société *indivisible* en ce sens que chacun des époux occupe le même rang et participe nécessairement aux mêmes droits (3), d'autres interprètent cette expression *individua* par *indissoluble*. Sous ce rapport, elle s'applique également au concubinage aussi bien qu'aux noces qui l'un et l'autre sont indissolubles de leur nature, car on ne pourrait prendre une épouse ni même une concubine pour un temps limité, quoique les noces et le concubinage puissent accidentellement se dissoudre, les premières de la manière et dans les cas déterminés par le droit civil, le second par la volonté mutuelle de se séparer (4).

121. Les noces sont définies l'union d'un

---

(1) L. 4, ff. *de concub.* XXV-VII. V. §. 2, *de hered. quæ ab intest. defer.* III-I ; Paul, *Sent.* 2-20.

(2) L. 31, ff. *de donat.* Une femme ingénue et de bonne vie est présumée *uxor* et jamais concubine : il faudrait prouver par un acte formel qu'elle a consenti à se donner pour telle. A l'égard des affranchies et femmes de mauvaise vie, c'est le contraire. L. 24, ff. *de rit. nupt.* XXIII-II ; L. 3, ff. *de concub.* XXV-VII ; Pothier, *Pand. Just.* 2-7-2 *et* 4 *in not.*

(3) Consortium omnis vitæ, divini atque humani juris communicatio. L. 1, ff. *de rit. nupt.* XXIII-II.

(4) Pothier, *Pand. Just.* 25-7.

homme et d'une femme, au singulier, parce qu'en effet le même homme ne peut avoir plusieurs femmes, et la même femme plusieurs maris à la fois (1). Par *conjonctio*, il faut entendre l'union consensuelle, car c'est le consentement qui forme les noces avant toute consommation ou cohabitation (2).

---

(1) §. *6* et 7, *de nupt*. I-X. On ne peut pas non plus avoir en même temps deux concubines ni une épouse et une concubine. Paul, *Sent*. 2-20.

(2) L. 30, ff. *de reg. jur*. L. 6 et 7, ff. *de rit. nupt*. XXII-II.

TITRE X.

Des noces.

PP.

122. Puisque les noces, d'après les premiers mots du texte, se contractent entre citoyens romains pubères, *sui juris*, ou autorisés par les pères de famille dont ils dépendent, elles exigent nécessairement trois conditions, savoir : 1°. le droit de cité ou la qualité de citoyen ; 2°. la puberté ; 3°. le consentement sans lequel il n'y a jamais de contrat. Nous examinerons chacune de ces conditions en particulier.

123. Le titre de citoyen est exigé, parce que les noces appartiennent, comme nous l'avons dit, au droit civil. Autrefois, cette condition excluait des noces les latins, les déditices, et en général tous les étrangers. Aujourd'hui, elle ne peut plus exclure dans l'empire que les esclaves.

124. La puberté est l'état de celui qui peut engendrer, état indispensable pour le but primitif du mariage, qui est la procréation des enfants. La puberté est fixée à douze ans accomplis pour les femmes, et à quatorze pour les hommes (1).

125. Quant au consentement, on exige, outre

(1) PP. *quib. mod. tut. fin.* I-XXII. Les impuissants peuvent se marier, les eunuques ne le peuvent pas. V. l'explication du §. 9, *de adopt.*, et la loi 39, §. 1, ff. *de jur. dot.* XXIII-III.

celui des contractants, celui des personnes sous la puissance desquelles chacune des parties se trouve, ou sous la puissance desquelles pourront se trouver un jour les enfants à naître du mariage ; car la loi civile ne considère ici que les droits et les effets de la puissance paternelle, sans s'arrêter aux devoirs et aux respects que l'on doit naturellement à ses autres ascendants, mais dont l'observation n'est point exigée pour la validité des noces (1). Il faut donc remonter aux principes constitutifs de la famille civile.

Les enfants de famille, quel que soit leur âge, leur sexe et leur degré, n'étant point leurs maîtres, ne peuvent disposer d'eux-mêmes sans l'agrément du chef de famille (2). Ainsi les petits-enfants, sous la puissance de l'aïeul, ne peuvent se marier malgré lui, même avec la permission de leur père. Toutefois la volonté de l'aïeul, toujours indispensable, n'est pas toujours suffisante. Les petits-fils de famille doivent obtenir en outre le consentement de leur père lorsque ce dernier est encore sous la puissance de l'aïeul, et cela, non pas à cause d'eux-mêmes, mais à cause des enfants que leur mariage pourrait par

---

(1) Le consentement du père n'avait jamais été nécessaire aux enfants émancipés, L. 25, ff. *de rit. nupt.*; L. 8, C. *h. t.*, ni celui de la mère pour personne. Valentinien, Valens et Gratien exigèrent les premiers pour la fille mineure, quoique *sui juris*, le consentement du père, et à son défaut le consentement de la mère et des proches. L. 18, L. 20, C. *h. t.*

(2) Non qu'il puisse empêcher absolument tout mariage, mais un mariage avec telle ou telle personne. L. 19, ff. *de rit. nupt.*

suite faire entrer dans la famille et sous la puissance de leur père. Or, si les noces avaient lieu sans son consentement, il pourrait les avoir en sa puissance, malgré lui, ce qui ne doit jamais arriver (1). Ce motif oblige à distinguer entre les petits-fils de famille et les petites-filles. Ces dernières, bien qu'elles retombent sous la puissance de leur père, y retombent toujours seules et ne mettent d'enfants que dans la famille de leur mari : elles n'ont pas d'autre consentement à demander que celui du père de famille, tandis que le petit-fils est obligé, par la raison contraire, d'obtenir, outre le consentement de l'aïeul dont il dépend, le consentement du père sous la puissance duquel il pourrait retomber (2).

Ainsi, en résumé, les personnes qui doivent consentir aux noces sont les futurs époux, le père de famille de chacun d'eux, et les personnes au pouvoir de qui peuvent retomber les enfants à naître du mariage.

126. Le consentement de ces personnes est tellement essentiel aux noces, qu'il doit les précéder, et qu'elles ne commencent à valoir qu'après le consentement de tous obtenu, sans qu'il puisse y avoir lieu à aucune ratification rétroactive. En effet, on ne ratifie pas ce qui n'a jamais existé, ce qui est entièrement nul. C'est ce que signifie le mot *jussus* dont le sens relatif à celui de *precedere* indique le consentement à un acte futur par oppo ition à la ratification ou approbation qui est le consen-

(1) V. § 7, *de adopt.* I-XI.

(2) L. 16, §. 1, ff. *de rit. nupt.* XXIII-II.

tement à une chose antérieurement existante (1). Au reste, il ne faut pas conclure du mot *jussus* que les enfants de famille aient besoin d'un ordre formel, ni même d'un consentement exprès; car, lorsque le père sait avec qui ses enfants se marient et qu'il ne s'y oppose point, il suffit du consentement tacite qui résulte de son silence (2).

127. En suivant à la rigueur le principe qui exige le consentement du père de famille, on déciderait que lorsqu'il est dans l'impossibilité de consentir, les enfants ne pourront contracter aucunes noces : cependant, par faveur pour le mariage, il leur avait été permis de se marier après trois ans de captivité ou d'absence du père de famille (3). La même faveur paraissait applicable aux enfants d'un homme attaqué de démence ou de folie. Adrien l'avait prononcé pour le cas de démence, l'application avait été étendue aux filles du fou (4). Mais elle souffrait encore difficulté pour le fils, à cause des enfants que son mariage peut introduire dans la famille. Justinien tranche cette difficulté et permet au fils d'un fou de se marier, ainsi qu'à la fille, d'après le mode établi dans une de ses constitutions; c'est-à-dire, en prenant l'avis, soit du préfet de la ville de Rome, soit des gouverneurs de province, ou des évêques, tant sur la personne que sur la fixation de la dot et de la donation à cause de noces, lesquelles

(1) Vinnius, *hic*, n°. 6.

(2) L. 5, C. *h. t.*

(3) L. 9, §. 1; L. 10, ff. *de rit. nupt.* XXIII-II.

(4) Nous verrons plus loin sur le §. 4, *de curat.* I-XXIII, en quoi la folie diffère de la démence.

doivent être fournies par le curateur et réglées devant lui, en présence des plus considérables parmi les parents du père (1).

128. Dans les noces, comme en toute autre matière, le consentement n'est que le mouvement d'une intention libre et déterminée dans son objet ; car, ce n'est pas à un mariage quelconque qu'il s'agit de consentir, mais au mariage avec telle personne spécifiée. On ne pourrait donc pas regarder comme valable le consentement d'un individu incapable d'avoir une volonté (2), ou maîtrisé par la violence, ou égaré par une erreur sur la personne. Cependant il faut bien distinguer du consentement arraché par violence celui qui serait accordé par une crainte purement révérentielle. Le père de famille ne peut en aucun cas marier ses enfants, malgré eux (3) ; mais lorsqu'ils accèdent par respect aux désirs paternels, cette déférence même prouve un choix, et par conséquent une détermination qui suffit pour la validité des noces (4).

§. 1.

129. Sans les trois conditions ci-dessus, on ne peut contracter de noces avec qui que ce soit. Ceux qui les réunissent peuvent se marier, mais non pas avec toutes personnes indistinctement, car, pour la validité des noces, on exige encore 4°. que les parties soient capables de

(1) L. 28, C. *de episc. aud.* I-V ; L. 25, C. *h. t.* V-IV.
(2) Par ex. celui d'un fou. L. 16, §. 2, ff. *de rit. nupt.*
(3) L. 2, ff. *de rit. nupt.* ; L. 14, C. *h. t.* V-XIV.
(4) L. 22, ff. *de rit. nupt.*

s'unir

s'unir entr'elles ; elles le sont toutes les fois qu'il n'existe pas d'empêchement.

130. Le premier empêchement est la parenté dont on distingue deux espèces : l'une naturelle résultant du lien du sang entre les descendants d'un même auteur, et par cela même indissoluble ; l'autre civile entre les membres du même état de famille, et susceptible de se dissoudre lorsque l'un des parents change de famille, selon ce qu'on verra plus loin (1).

131. Deux parents viennent toujours d'un auteur commun, soit l'un par l'autre, comme le père et sa fille d'un même aïeul, soit l'un indépendamment de l'autre, comme les frères et sœurs d'un même père ou d'une même mère, les cousins d'un même aïeul. Dans le premier cas, une même suite de générations forme une ligne ou parenté directe ; dans le second cas, les parents qui tiennent à l'auteur commun chacun par une ligne différente sont, l'un pour l'autre, parents collatéraux. Ainsi toute parenté collatérale suppose toujours deux lignes réunies au premier auteur commun.

Chacune des générations dont se forme une ligne, en détermine les distances ou degrés de proximité. Entre parents directs, on comptera donc autant de degrés que de générations ; par exemple, de moi à mon père, une génération, un degré ; de moi à mon aïeul deux générations,

(1) Ces deux parentés se nomment encore cognation et agnation. L 10, § 4, ff. *de grad. et aff.* XXXVIII-X. V. les § 1, *de legit. agn tut.* I-XV ; § 3, *de capit. demin.* I-XVI, et leur explication.

deux degrés, etc. D'un collatéral à l'autre, il n'y a point de générations, mais de chaque collatéral à l'auteur commun, il y a des générations et une ligne directe; les degrés de chaque ligne réunis donnent la distance entre les deux collatéraux, exemples : deux frères ou sœurs, chacun à un degré du père commun, sont entr'eux à deux degrés; l'oncle et le neveu se trouvant le premier à un et le second à deux degrés de l'auteur commun, sont à trois degrés l'un de l'autre, et ainsi de suite (1).

132. Comme on le voit par le texte, la parenté directe, soit naturelle, soit civile, empêche les noces à quelque degré que ce soit (2), et ce lors même que la parenté civile aurait été rompue (3) par le changement de famille de l'un des parents, changement qui s'opère entr'autres moyens par l'émancipation (4).

§. 2.

133. Les parents collatéraux les plus proches sont les frères et sœurs; les noces sont prohibées entr'eux; mais ici la parenté civile n'opère que pendant sa durée. Une fois dissoute, elle ne laisse plus aucun obstacle entre ceux qui n'étaient arrêtés que par ce seul empêchement (5); car celui

---

(1) V. liv. 3, *tit.* 6.

(2) L. 53, ff. *de rit. nupt.* XXIII-II.

(3) In tantum ut, etc. *Text hìc*, et L. 55, ff. *eod.*

(4) §. 6, *quib. mod. jus patr. pot.* I-XII; §. 3, *de capit. dem.* I-XVI.

(5) *Text. hìc.* L. 17, ff. *de rit. nupt.*; Pothier, *mariage*, 171.

qui résulte de la parenté naturelle, est perpétuel comme cette parenté même.

134. Un père de famille ne peut pas adopter l'époux d'un des descendants qu'il aurait en sa puissance, parce que l'adopté passant dans la famille de l'adoptant, l'adoption établirait entre les deux époux une parenté civile incompatible avec le lien qui les unit déjà. Il faut donc prévenir cette parenté, et l'on y parvient en émancipant celui des deux époux que l'on veut adopter, c'est-à-dire, en le faisant sortir de l'état de famille où l'on veut faire entrer l'autre (1).

§. 3.

135. Après nos frères et sœurs viennent leurs descendants. Nous ne pouvons en épouser aucun à l'infini. En effet, c'est de l'oncle par rapport aux nièces, petites-nièces, etc., qu'il est vrai de dire avec le texte : *quand on ne peut pas épouser la fille d'une personne, on ne peut pas non plus épouser sa petite-fille ;* car entre collatéraux, celui qui se trouve à un seul degré de l'auteur commun, représente cet auteur commun pour tous ceux qui en sont plus éloignés, et par conséquent ne peut en épouser aucun (2), mais cette même règle serait fausse entre deux collatéraux dont chacun serait à deux degrés au moins de la souche commune : car, quoique je ne puisse pas épouser ma tante, fille de mon aïeul, je puis cependant

---

(1) *Text. hic, in fin.* L. 17, §. 1, *de rit. nupt.*

(2) Quià parentum loco habentur. *Text. hic.* L. 39, ff. *de rit. nupt.*

épouser ma cousine, petite-fille de ce même aïeul (1).

136. La parenté civile a les mêmes effets, seulement il faut bien examiner entre quelles personnes elle se forme. Le fils ou la fille que mon père adopte, se trouvent, sauf le cas d'émancipation, dans la même famille que moi. Il y a donc entre moi et eux parenté civile, comme entre moi et les enfants introduits dans la famille par mon frère adoptif. Mais les enfants de ma sœur suivent la famille de leur père, ainsi entr'eux et moi point de parenté civile (2), et dès-lors point de parenté du tout entre moi et les enfants de ma sœur adoptive (3), quoiqu'il y ait parenté naturelle entre moi et ceux de ma sœur naturelle.

§. 5.

137. L'empêchement entre l'oncle et la nièce entraîne nécessairement l'application des mêmes principes entre la tante et les neveux, petits-neveux, etc.

Amita est la sœur de mon père (4), ne le fût-elle que par adoption, elle serait dans la même famille que mon père, et par conséquent dans la même famille que moi; ce qui produirait une parenté civile et par conséquent un empêchement à notre union.

Le mariage est également prohibé entre moi et la sœur de ma mère (*matertera*), à raison de la

(1) §. 4, *h. t.*

(2) L. 12, §. 4, ff. *de rit. nupt.* XXIII-II.

(3) *Text. hic.*

(4) §. 3, *de grad. et aff.* III-VI.

parenté naturelle, mais jamais à raison de la parenté civile qui n'existe pas entre moi et ma mère, ni à plus forte raison entre moi et la sœur de ma mère (1).

§. 4.

138. Les noces sont permises entre deux cousins (2), non par cela seul qu'ils sont au quatrième degré (3), mais parce qu'en outre chacun d'eux est à plus d'un degré de l'auteur commun.

139. Ainsi en résumé, la parenté directe empêche les noces à l'infini, la parenté collatérale également à l'infini, lorsque l'un des collatéraux n'est qu'à un degré de la souche commune. Les autres collatéraux peuvent s'épouser.

§. 6.

140. Un autre empêchement aux noces se forme par les liens d'un premier mariage. Tant qu'il subsiste on ne peut épouser personne, la polygamie étant interdite (4).

Après la dissolution du mariage, chacun des conjoints peut former de nouveaux liens, mais non plus avec la même liberté qu'auparavant. Car outre les empêchements qui subsistent toujours entre moi et

---

(1) Non plus qu'entre moi et le frère de ma mère; ainsi le frère adoptif de ma mère et les enfants de ce frère ne me sont rien. L. 12, §. 4, ff. *de rit. nupt.*

(2) Arcadius et Honorius les défendirent du vivant de S. Ambroise, et les permirent ensuite. L. 19, C. *h. t.* V-IV.

(3) V. §. 3, *h. t.*

(4) *Text. hic, in fin.*; §. 7, *in fin.*

mes propres parents, il s'est formé entre moi et les parents de mon premier conjoint un lien qui m'empêche d'épouser plusieurs d'entr'eux. Ce lien s'appelle affinité ou alliance (1).

141. L'alliance n'a point de degrés par elle même (2), mais elle emprunte aisément ceux de la parenté, c'est-à-dire, par exemple, que le mari est allié direct de tous les parents directs de la femme, allié collatéral de tous ses parents collatéraux, et dans le même degré qu'elle (3).

142. L'alliance se dissout avec le mariage, et cependant ce n'est qu'à cette dissolution même qu'elle commence, à proprement parler, de former empêchement à un nouveau mariage qui jusque-là était absolument interdit par l'existence du premier (4). Cet empêchement s'étend en ligne directe à l'infini (5); et en effet, sous le terme de *nurus* (bru) on comprend ici non seulement la femme de mon fils, mais celle de mon petit-fils et ainsi de suite. *Privigna* (belle-fille) désigne pareillement tous les descendants de ma femme à l'infini (6). On repré-

---

(1) Pothier, *mariage*, 150. Idem, *Pand. Just.* 23-2-34; L. 4, §. 3, ff. *de grad. et aff.* XXXVIII-X.

(2) L. 4, §. 5, ff. *eod.*

(3) Pothier, *mariage*, 151.

(4) *Text. hic*, *et* §. 7.

(5) L. 40, ff. *de rit. nupt.*; L. 4, §. 7, ff. *de grad et aff.*; Pothier, *mariage*, 155. Observez que l'émancipation qui ne lève pas l'empêchement de parenté civile en ligne directe, ne lève pas non plus celui d'affinité entre l'un des époux et les parents civils de l'autre. L 14, pp. *et* § 1, ff. *de rit. nupt.*

(6) L. 14, §. 4, ff. *de rit. nupt.* XXIII-II.

sente pour tous ces descendants, l'ascendant qu'on épouse (1).

§. 7.

Réciproquement la femme de mon père ou de mon aïeul, la mère ou l'aïeule de ma femme, représentent pour moi une mère ou une aïeule. *Noverca* (marâtre) désigne les premières, et *socrus* (belle-mère) les secondes, à quelque degré que ce soit (2).

143. Entre collatéraux, l'alliance ne formait aucun empêchement avant les empereurs Valentinien, Théodose et Arcadius qui prohibèrent les noces entre beaux-frères et belles-sœurs, c'est-à-dire, entre alliés collatéraux du second degré (3).

§. 8.

144. L'affinité se forme entre un époux et les parents de l'autre, mais non pas entre les parents respectifs des deux époux (4). Si donc un homme et une femme qui ont chacun des enfants se marient, aucun d'eux ne pourra épouser les enfants de l'autre, à cause de l'alliance, mais il n'y a ni alliance, ni empêchement entre leurs enfants respectifs (5).

---

(1) *Text. hic*, §. 7, *h. t.*; L. 4, §. 7, ff. *de grad. et aff.*

(2) L. 14, §. 4, ff. *de rit. nupt.*

(3) L. 5, C. *de incest. nupt.* V-V. Pothier, *mariage*, 155, 156.

(4) Vinnius, *hic.* Pothier, *Pand. Just.* 38-10-44.

(5) L. 34, §. 2, ff. *de rit. nupt.* XXIII-II; L. 134, *de verb. oblig.* XLV-I.

D 4

L'enfant du second lit serait frère de tous ceux que ses père et mère auraient eus séparément d'un premier lit, savoir : frère paternel ou consanguin pour les enfants du mari, et frère maternel ou utérin pour ceux de la femme ; mais cela n'établit aucune parenté des uns aux autres puisqu'ils ne sont ni du même sang ni de la même famille.

§. 9.

145. Il est encore plusieurs autres personnes que je ne puis épouser, et par exemple, la fille que ma femme divorcée d'avec moi, aurait eue après son divorce (1) d'un autre mari. On pourrait objecter que cette fille n'est point alliée du premier mari de sa mère, puisque leur mariage était dissous avant sa naissance (2). Julien répond à cette objection, que le défaut d'alliance n'est pas toujours une preuve de la possibilité des noces ; et il cite plusieurs personnes qui né peuvent s'épouser, quoiqu'il n'y ait entr'elles aucune alliance. Telles sont le père et la fiancée de son fils ; le fils et la fiancée de son père (3).

---

(1) Le mariage se dissout par la mort, et en outre par la servitude de l'un des conjoints, et par le divorce opéré dans les formes légales. L. 1, ff. *de divort.* Pothier, *mariage*, 462, 463, 467.

(2) *Non est privigna.* Ce mot *privigna* (priùs nata) signifie la personne née de l'un des conjoints avant son mariage avec l'autre.

(3) Les derniers termes du texte *rectiùs facturos* (on fera mieux), laisseraient peut-être croire qu'il s'agit ici d'une invitation, d'un simple conseil, plutôt que d'une véritable prohibition. Mais il faut observer qu'ici ce n'est pas l'empereur qui parle. Tout ce paragraphe est

146. Les fiancés sont l'homme et la femme qui se sont mutuellement promis de s'épouser (1). Cette promesse qui s'appelle fiançailles, ne produit pas la véritable affinité qui ne commence qu'avec les noces mêmes, qui sont toujours postérieures aux fiançailles (2) ; mais elle produit une alliance improprement dite, qui suffit pour empêcher un fiancé d'épouser les parents directs, mais non pas les collatéraux de l'autre (3).

147. La parenté et l'alliance ne sont donc pas les seuls empêchements aux noces. Il en existe un troisième fondé sur les considérations d'honnêteté publique. Car dans les noces on observait non seulement ce qui est toléré, mais encore ce qui est honnête (4). Aux exemples cités ici on pourrait en joindre plusieurs autres tirés du digeste et du code, entre lesquels on remarque l'empêchement mis par Justinien au mariage du parrain avec la filleule (5).

---

extrait de Caïus, qui, pour appuyer son avis, rapporte celui de Julien. Ces deux jurisconsultes n'énonçaient en effet qu'une opinion particulière ; mais cette opinion admise dans l'usage, et ensuite insérée au corps de droit, a nécessairement obtenu force de loi.

(1) L. 1, ff. *de sponsal.* XXIII-I. Pothier, *mariage*, 24.

(2) L. 4, §. 3, ff. *de grad. et aff.* XXXVIII-X. Pothier, *mariage*, 213.

(3) L. 12, §. 2 et 3, ff. *de rit. nupt.* XXIII-II. Pothier, *mariage*, 214.

(4) L. 42, ff. *de rit. nupt.* ; L. 144 et 197, ff. *de reg. jur.* Pothier, *Pand. Just.* 23-2-38.

(5) L. 26, C. *h. t.* V-IV. V. aussi L. 3, C. *eod.* ; L. 14, pp. et §. 1 ; L. 55, §. 1 ; L. 62, §. 1., ff. *de rit. nupt.*

§. 10.

148. Les noces sont impossibles entre esclaves, puisqu'il faut être citoyen romain pour les pouvoir contracter; mais les affranchis le peuvent comme tous autres citoyens, et en observant les mêmes empêchements entre parents civils ou naturels, et l'on comprend ici dans cette dernière classe tous les descendants d'un auteur commun, sans distinguer entre le sang libre et le sang d'esclave; ce qu'il importe d'observer parce que la parenté servile était en général destituée de tous effets civils et considérée comme nulle (1). Mais dans les noces où l'on ne néglige rien de ce que défendent le droit et la pudeur naturelle, on reconnaît la parenté servile;

Dès-lors il est impossible de ne pas reconnaître aussi une affinité servile produite par l'union des esclaves, entre chacun d'eux et les parents de l'autre; et à plus forte raison une affinité naturelle produite de même par le concubinage. Toutes ces affinités causent les mêmes empêchements que la véritable (2).

149. Dans le nombre des personnes que la parenté servile empêche de s'épouser, le texte rapporte ici le père et la fille, et avec grande raison sans doute; mais il est nécessaire de remarquer que la paternité n'est pas comme la maternité, un fait susceptible d'être prouvé. Entre personnes libres

(1) PP. *de serv. cogn.* III-VII.

(2) L. 14, §. 2 et 3, ff. *de rit. nupt.* XXIII-II; L. 4, C. *de nupt.* V-IV.

la paternité n'est attribuée que par présomption légale au mari de la mère, c'est-à-dire, à l'homme uni avec elle par de justes noces (1). Entre esclaves il n'y a point de noces et par conséquent point de paternité certaine, mais dans le doute, on doit par décence suivre le parti le plus sûr, et en conséquence la paternité quoique douteuse suffit pour empêcher les noces, soit qu'il s'agisse de paternité servile ou de paternité naturelle (2).

§. II.

150. Le texte nous renvoie au digeste pour deux autres empêchements qui sont la puissance et l'inégalité de condition ou de dignité.

151. Relativement à la puissance, une femme ne peut épouser son tuteur, son curateur, ni leur fils ou petit-fils, si ce n'est lorsqu'elle a été fiancée ou formellement destinée à cette union par son propre père (3). On redoute en effet que par un semblable mariage le tuteur ou curateur ne se dispense de rendre ses comptes. Aussi l'empêchement dure-t-il non seulement jusqu'à la reddition du compte, mais encore tant que la femme est d'âge à revenir sur les comptes rendus (4). Cette raison ne s'applique point au pupille qui peut tou-

(1) Pater is est quem nuptiæ demonstrant. L. 5, ff. *de in jus voc.* II-IV.

(2) L. 14, §. 2 et 3, ff. *de rit. nupt.*

(3) L. 36, ff. *de rit. nupt.* XXIII-II.

(4) C'est-à-dire, d'après l'ancien droit, jusqu'à vingt-six ans, et d'après le nouveau, jusqu'à vingt-neuf ans. L. 66, ff. *eod.* Pothier, *Pand. Just.* 22-3-42.

jours épouser la fille de son tuteur ou curateur (1).

Pareillement la femme domiciliée dans une province ne peut épouser les fonctionnaires ou les fils des fonctionnaires qui occupent les charges de la province (2). Mais cet empêchement n'a lieu que pendant la durée des fonctions (3).

152. A raison de l'inégalité de condition ou de dignité, il était défendu à tout ingénu d'épouser une prostituée, une comédienne, ou une femme condamnée par suite d'une accusation publique (4); et même à tout sénateur ainsi qu'à ses enfants d'épouser une affranchie, la fille d'un comédien ou d'une comédienne (5). Postérieurement, Justinien leva les empêchements de ce genre, même entre les dignitaires et les femmes de basse condition (6).

§. 12.

153. Régulièrement on n'exige pour les noces aucune autre condition que celles qui ont été détaillées jusqu'ici. Le mariage existe sans aucune formalité de célébration (7) et produit tous

---

(1) L. 64, §. 2, ff. *de rit. nupt.*; L. 5, C. *de interd. matrim.* V-VI.

(2) L. 38; L. 57; L. 63, ff. *de rit. nupt.*; L. 190, ff. *de verb. signif.*

(3) L. 65, §. 1, ff. *eod.*; L. 5, C. *h. t.*

(4) Ulpien, *fragm.*, *tit.* 13, §. 2.

(5) L. 44, ff. *de rit. nupt.*

(6) Nov. 117, ch. 6.

(7) On dresse ordinairement un contrat dotal (*dotale instrumentum*) qui fait preuve du mariage; mais à son défaut les noces n'en sont pas moins valides. L. 9; L. 13, C. *h. t.* V-IV. Il en est de même des pompes et

ses effets civils qui sont : pour les contractants, certains avantages attachés au titre de *vir* et *uxor* (1), la validité des dot et donation à cause de noces (2) ; pour le mari *sui juris*, la puissance paternelle sur les enfants ; et pour ces derniers, la qualité de légitimes et de fils de famille.

154. Au contraire, les noces contractées en contravention aux règles précédentes, sont nulles de plein droit et ne produisent pour les enfants aucun des effets susdits, non plus que pour les conjoints qui ne peuvent réclamer ni le titre d'époux (*vir et uxor*), ni la dot, ni la donation (3).

Relativement à la puissance paternelle, les enfants sont considérés comme enfants sans père, parce qu'ils en ont un que la loi ne peut reconnaître (4).

155. Le mariage est nul lorsqu'il y manque une des conditions requises ; il devient criminel lorsqu'on s'unit avec des personnes qu'il est défendu d'épouser. Dans ce dernier cas, il y a inceste (5), crime qui est toujours puni de la confis-

---

cérémonies qui accompagnent ordinairement les mariages. L. 22, C. *eod.* Justinien exigea le premier pour la validité des noces entre certaines personnes, la confection du contrat dotal, ou au moins une déclaration faite en présence de témoins devant le *défenseur de l'église*, qui en dresse acte. *Nov.* 72, *ch.* 4 ; *Nov.* 117, *ch.* 2.

(1) V. le §. 4, *de bonor. possess.* III-X.

(2) V. le §. 3, *de donat.* II-VII.

(3) *Text. hic.* L. 9, C. *h. t.* V-IV. V. le §. 3, *de donat.* II-VII.

(4) Vinnius, *hic.*

(5) L. 39, §. 1, ff. *de rit. nupt.* XXIII-II.

cation de la dot (1), et en outre de plusieurs peines qui varient selon la nature du délit et la culpabilité des parties (2) dont l'erreur et la bonne foi suffisent quelquefois pour faire accorder aux enfants les avantages qu'ils auraient pu tirer d'un mariage légitime (3).

§. 13.

156. La loi civile ne reconnaît au père d'autre enfant que celui qui est conçu dans de justes noces. Les incestueux conçus dans un commerce prohibé; les bâtards, dans un commerce qui sans être toujours puni n'est cependant pas licite, et les enfants naturels proprement dits, issus de concubinage, c'est-à-dire, d'une union autorisée par la loi, mais dépourvue d'effets civils, ne jouissent d'aucun des droits de famille, et aucun d'eux ne pouvait jamais avoir de père légitime (4), même quand ils seraient nés dans un mariage légalement contracté, entre la conception et la naissance. On exigeait absolument l'existence des noces au moment même de la conception (5).

157. Par suite, les empereurs ont donné plusieurs moyens de légitimer en les faisant passer

(1) L. 52; L. 61, ff. *de rit. nupt.*

(2) L. 68, ff. *eod.*

(3) L. 57, §. 1, ff *eod.*; L. 4, C. *de incest. nupt.* V-V.

(4) Par rapport à la mère, on ne distingue pas entre ses bâtards et les enfants qu'elle a conçus de justes noces. En effet, la maternité est également certaine pour les uns comme pour les autres. V. §. 7, *de Sc. Tertull.*; §. 3, *de Sc. Orphit* III-III et IV.

(5) L. 11, ff. *de stat. homin.* I-V. Vinnius, pp. *inst. h. t.*, n°. 6; §. 12, *eod.*, n°. 1.

sous la puissance du père, non pas les bâtards et autres fruits d'un commerce illicite, mais seulement les enfants naturels, proprement dits, c'est-à-dire, les enfants issus d'un concubinage, sorte d'union autorisée par la loi (1).

158. Leur légitimation peut avoir lieu de trois manières. La première consiste dans une espèce d'agrégation de l'enfant au corps de la curie ou sénat des villes municipales. Le titre de décurion ou membre de la curie était très-honorable et en même temps très-onéreux à cause des grandes dépenses auxquelles il fallait contribuer et dont on cherchait ordinairement à se dispenser (2). Pour l'avantage des curies, on décida qu'en offrant son fils naturel à la curie de sa ville natale ou d'une ville métropolitaine, lorsque le père serait de Rome ou de Constantinople, le père acquerrait sur ce fils la puissance paternelle (3) et le droit de lui transmettre sa succession. La fille naturelle peut être légitimée par son mariage avec un décurion (4).

Au reste, ce n'est là qu'une légitimation très-imparfaite. L'enfant succède à son père, mais sans entrer dans la famille et sans acquérir aucun droit envers les autres membres qui la composent (5), et lorsque le père a d'autres enfants légitimes, il ne peut donner ou laisser au légitimé plus qu'à

(1) Novel. 74, ch. 6. Pothier, *mariage*, n°. 40.

(2) V. au digeste, *liv.* 50, *tit.* 2, et au code, *liv.* 10, *tit.* 31.

(3) *Text. hìc.*

(4) L. 3, C *de natur. liber.* V-XXVII.

(5) L. 9, C. *eod.*

celui des légitimes auquel il aurait le moins donné ou laissé (1).

159. La seconde espèce de légitimation introduite par Justinien (2) a lieu par le mariage subséquent, c'est-à-dire, postérieur à la naissance des enfants; mais il faut en ce cas dresser un contrat dotal (3), non pour la validité du mariage, mais pour avoir une preuve certaine du changement d'union des père et mère, et pour déterminer positivement en insérant leur nom dans l'acte nuptial, quels sont ou non les enfants qu'on légitime. Car ils ne peuvent pas être soumis malgré eux à une légitimation (4) dont l'effet immédiat est de changer leur qualité de personnes *sui juris* en celle de fils de famille.

160. La légitimation n'avait d'abord lieu que pour les enfants nés *ex muliere liberâ* d'une concubine libre, c'est-à-dire, ingénue, mais Justinien étendit bientôt la même faveur aux enfants d'une affranchie et ensuite à ceux d'une esclave (5). Le mariage subséquent (après l'affranchissement de

---

(1) L. 9, §. *ult.* C. *de nat. liber.* V-XXVII.

(2) Déjà Constantin et Zénon avaient accordé un bénéfice semblable aux pères qui épouseraient leur concubine; mais ce n'avait été qu'une indulgence extraordinaire, sans extension pour l'avenir. Justinien est le premier qui ait fait de la légitimation par mariage subséquent, une règle générale. V. L. 5, C. *de natur. lib.*

(3) *Text. hìc*, §. 2, *de hered. quæ ab intest. defer.* III-I.

(4) Vinnius, *hìc*; Nov. 89, ch. 11.

(5) Nov. 18, ch. 11; Nov. 78, ch. 3 et 4.

la mère) donne en même temps à ces derniers les droits de liberté et de famille.

161. Le texte de ce paragraphe et toutes les lois correspondantes semblent restreindre le bénéfice de la légitimation aux enfants d'une femme qu'on aurait pu épouser sans aucun empêchement (1), ce qui veut dire sans empêchement perpétuel et rien de plus, car on ne s'arrête pas à l'obstacle momentané qui lors de la conception ou de la naissance pouvait empêcher les noces sans empêcher le concubinage (2). Cet empêchement venant à cesser, les noces subséquentes peuvent légitimer les enfants de ce concubinage, puisqu'il était licite (3). C'est ainsi que le maître, bien qu'il ne puisse pas épouser son esclave, tant qu'elle est esclave, peut, après l'avoir affranchie, légitimer, en l'épousant, les enfants qu'il a eus d'elle par suite d'un commerce que Bohemer regarde comme autorisé par la puissance dominicale (4).

162. On s'accorde à regarder comme corrompus les derniers mots de ce paragraphe, et il est certain qu'en les appliquant, comme ils paraissent devoir l'être du premier coup d'œil, aux enfants du mariage, ces mots n'offriraient aucun sens, puisque les enfants du mariage ont toujours été légitimes sans avoir besoin de la constitution de Justinien. On a

(1) Cujus matrimonium *minimè interdictum* fuerat.

(2) Par ex., entre les femmes d'une province et le gouverneur qui l'administre. L. *ult.*, ff. *de concub.* XXV-VII.

(3) Vinnius, *hìc*.

(4) *Dissert. de legitim. ex damn. coit. nator.* Pothier suppose que le maître aurait pris son esclave pour concubine. *Mariage*, n°. 209.

proposé plusieurs corrections dont la plus plausible serait celle d'Hotoman (1), s'il était nécessaire de corriger quelque chose au texte.

Il me semble en effet qu'il doit, tel qu'il est, s'entendre des enfants nés dans les justes noces, mais conçus auparavant, le mariage ayant eu lieu pendant la grossesse de la femme. Ces enfants avaient réellement besoin de la faveur que leur accorde ici Justinien ; car d'une part, ils n'étaient pas légitimes, faute d'avoir été conçus dans de justes noces ; d'autre part, ls ne sont pas légitimés, puisque la légitimation ne s'applique dans ce paragraphe qu'à des enfants déjà nés. Ainsi, selon moi, ce passage signifie que les enfants nés depuis le mariage, quoique conçus auparavant, seront désormais légitimes (2), avantage que leur refusait l'ancien droit. Si tel n'est pas le sens des derniers mots de ce paragraphe, tel est au moins le texte formel d'une constitution de Justinien,

---

(1) Il propose de lire : *Quod etsi alii liberi nulli ex eodem matrimonio*, etc., ce qui signifierait que les enfants naturels sont légitimés par mariage subséquent, lors même que ce mariage ne produit aucun autre enfant ; et telle est en effet la décision de Justinien, L. 11, C. *de natur. lib.* V-XXVII, contre l'interprétation donnée à sa constitution, et qu'on pourrait encore donner au §. 2, *de hered. quæ ab intest.* III-I. Une autre constitution du même Justinien décide que les enfants nés du mariage n'empêchent pas l'effet de la légitimation. L 10, C. *de natur. lib.* Cujas, en se reportant à cette décision, propose de lire : *Quod si alii liberi ex eodem matrimonio*, etc.

(2) C'est ainsi que paraît l'avoir entendu Théophile, et que l'avait déjà expliqué un auteur anonyme. V. Evrard Otton, §. 13, *Inst. h. t.*

la seule qu'il ait pu relater ici, constitution d'après laquelle l'état des enfants se détermine par l'époque de la naissance, à moins que leur intérêt même n'oblige de remonter jusqu'à la conception (1).

163. Dans les deux espèces de légitimation que nous venons de voir, il importe peu que le père ait déjà des enfants légitimes (2), et en cela ces deux légitimations diffèrent d'une troisième qui, à défaut d'enfant légitime, s'opère par rescrit du prince, lorsque le mariage des père et mère est devenu impossible par la mort de cette dernière ou par tout autre cause (3).

On voit assez qu'en faisant passer les enfants sous la puissance du père, la légitimation est une seconde cause de la puissance paternelle. Nous allons voir la troisième en traitant de l'adoption.

(1) L. 11, §. *ult.*, C. *de natur. liber* V-XXVII.

(2) L. 9, §. 3, C. *eod.*; Nov. 12, ch. 14.

(3) Nov. 74, ch. 1 et 2.

TITRE XI.

Des adoptions.

PP.

164. JUSQU'ICI nous avons traité de la puissance paternelle sur les enfants *naturels*, légitimes ou légitimés ; car ici l'on appelle enfants naturels les enfants que la nature a placés sous notre puissance, par opposition aux enfants adoptifs (1) dont il s'agit dans ce titre, et sur lesquels la puissance paternelle s'établit civilement par l'effet de la loi seule, indépendamment des liens du sang.

§. 1.

165. Le texte distingue suffisamment deux espèces d'adoption, dont l'une prend un nom particulier, tandis que l'autre conserve le nom générique, et qui diffèrent en outre quant à la forme et quant aux personnes qu'elles ont pour objet.

166. Pour mieux entendre ceci, il est bon d'observer que l'adoption des fils de famille, ou l'adoption proprement dite, n'est qu'une translation du droit de puissance paternelle qu'un père de famille cède à l'autre. Aussi l'adoption se faisait-elle sous la forme d'une vente, par suite du principe qui faisait regarder la puissance paternelle comme un droit de propriété parti-

---

(1) Vinnius, *hic*.

culière comprise dans le *domaine quiritaire* (1) et transmissible comme lui par une tradition manuelle appelée mancipation, de *manu capere* (2). Une seule mancipation suffisait pour l'adoption d'une fille ou d'un petit-fils, parce que le père de famille ne pouvait les vendre qu'une fois. Mais quant au fils, il fallait trois ventes pour épuiser la puissance paternelle. Aussi l'acquéreur à qui le fils avait été mancipé par son père, avait soin de l'affranchir pour donner au père l'occasion d'une seconde vente, qui, suivie d'un second affranchissement, laissait encore au père le droit de manciper une troisième fois son fils, mais sans espoir de le voir retomber sous sa puissance, quand même l'acquéreur l'aurait encore affranchi (3).

167. Justinien, abrégeant toutes ces formalités, se contente d'une simple déclaration faite devant le magistrat compétent, en présence tant des deux pères, que de l'adopté, et sans contradiction de la part de ce dernier (4).

168. L'adrogation ne transfère point la puissance paternelle, elle la crée sur une tête *sui juris*. Cela ne pouvait avoir lieu qu'en vertu d'une loi dont la proposition à l'assemblée des comices s'appelait, ainsi qu'on l'a vu plus haut, *rogatio*. De là est venu pour cette espèce d'adop-

---

(1) L. 1, §. 2, ff. *de rei vindic.* VI-I.

(2) Caïus, *Inst. liv.* 1, *tit* 6, §. 4.

(3) Dans ce dernier cas, le fils serait devenu *sui juris*, et l'adoption serait devenue une véritable émancipation. V. l'explication du §. 6, *quib. mod. jus patr. pot.* I-XII.

(4) §. 6 et 8, *eod.*

tion le nom d'*adrogation*. Lorsque le pouvoir législatif passa aux princes, leur autorisation remplaça celle du peuple, et l'adrogation se permit non plus par une loi, mais par un rescrit (1).

§. 2.

169. L'adoption, proprement dite, en transférant la puissance au père adoptif, détruisait celle du père naturel; et sous ce rapport, elle pouvait causer à l'adopté un préjudice considérable, en le privant de la succession du père naturel, sans lui assurer celle de l'adoptant (2). Pour éviter ce malheur, Justinien décide que le fils ou la fille donnée en adoption par son père naturel à un étranger, c'est-à-dire, à quiconque ne serait pas son ascendant naturel (3), resterait de droit sous la puissance et dans la famille de son père naturel, afin d'y conserver ses droits de succession (4), en même temps qu'il commence à être considéré, mais de fait seulement, comme fils de l'adoptant auquel même il succède *ab intestat* (5).

Nous aurons occasion de développer les effets de cette distinction et de faire voir que

---

(1) L. 2; L. 6, C. *de adopt.* VIII-XLVIII.

(2) V. 14, *de hered. quæ ab intest.* III-I.

(3) Comme l'aïeul maternel, et même l'aïeul paternel d'un fils conçu après l'émancipation de son père, et par conséquent hors de la puissance de l'aïeul.

(4) L. *penult.*, §. 1, C. *de adopt.* VIII-XLVIII.

(5) Seulement et sans aucune action contre le testament que le père adoptif ferait au préjudice de l'adopté. §. 14, *de hered. quæ ab intest.* III-I.

ce qui est dit ici du fils ne s'applique pas toujours au petit-fils donné en adoption par son aïeul (1).

170. L'adoption faite par un des ascendants de l'adopté, conserve dans tous les cas son ancien effet, moins à cause du double lien que Justinien met ici en avant, que parce que les droits de l'adopté sur la succession d'un ascendant, sont beaucoup plus assurés que sur celle de tout autre adoptant (2).

§. 6.

171. Quoique l'adoption soit une cession de la puissance paternelle, cependant en transportant un fils de famille sous une autre puissance, elle peut le placer dans sa nouvelle famille à un autre degré que celui qu'il occupait dans la première.

172. Tel est le sens de ce paragraphe qui ne s'applique point à l'adrogé, puisqu'il n'est sous la puissance de personne. Mais les enfants qu'il a sous sa puissance, prennent nécessairement dans la famille de l'adrogeant le degré inférieur à celui qu'ils occupaient dans celle de l'adrogé.

§. 11.

En effet, l'adrogation place toujours sous la puissance de l'adrogeant, non seulement l'adrogé, mais encore tous les enfants que ce dernier aurait lui-même sous sa puissance, soit naturels,

---

(1) L. *penult.*, §. 4. C. *de adopt.* VIII-XLVIII.
(2) V. §. 11, *de hered. quæ ab intest.* III-I.

soit adoptifs. Pareillement les biens de l'adrogé sont tous acquis à l'adrogeant. Cette acquisition était une conséquence de la puissance paternelle, et elle a subi depuis des modifications importantes, comme on le verra dans un titre particulier (1).

§. 3.

173. Les femmes et les impubères pouvaient être donnés en adoption, sans pouvoir se donner en adrogation, parce que l'entrée des comices leur était interdite. Lorsque l'autorité législative et avec elle le droit d'autoriser l'adrogation passa aux princes, l'adrogation des femmes et des impubères fut permise par Antonin (2), mais avec des précautions particulières pour ces derniers.

En effet, outre les informations ordinaires, surtout pour les adoptions dans lesquelles on recherche les motifs de l'adoption, l'âge de l'adoptant, le tort qu'il peut faire à ses enfants lorsqu'il en a (3), on exige encore que l'adrogation d'un impubère soit honorable et avantageuse pour lui. On examine donc les mœurs de l'adrogeant et sa fortune, et l'on prend les précautions nécessaires pour que cette adrogation, permise dans le seul intérêt du pupille, ne profite jamais à l'adrogeant au préjudice de l'adrogé et de sa famille; enfin, pour que l'adrogé ne puisse pas être privé sans motif des avantages qu'il devait espérer.

(1) *Liv.* 3, *tit* 11.

(2) Ulpien, *fragm.*, *tit.* 8, § 5; L. 21, ff. *de adopt.* I-VII.

(3) L. 15, §. 2; L. 17, ff. *eod.*

De là

De là, pour l'adrogeant, plusieurs obligations qui sont : 1°. de rendre tous les biens que l'adrogé lui aura transmis, soit à l'adrogé lui-même s'il l'émancipe même avec un juste motif, ou s'il le déshérite, soit aux personnes à qui ces biens seraient revenus à défaut d'adrogation, si le pupille décède avant l'âge de puberté (1);

2°. D'assurer cette restitution en donnant une caution qui s'engage envers une personne publique, c'est-à-dire, un esclave public (2);

3°. Et en outre, de laisser le quart de ses propres biens à l'adrogé émancipé sans motif, ou déshérité. Ce quart s'appelle Quarte Antonine. En cas d'exhérédation, il appartient toujours à l'adrogé, sans distinguer si l'exhérédation est ou non fondée sur de justes motifs, parce que l'adrogeant qui aurait des sujets de plainte contre l'adrogé, peut en profiter pour l'émanciper, sans différer à le punir par un acte de dernière volonté (3).

174. Un père de famille même pubère ne peut jusqu'à l'âge de vingt-cinq ans être adrogé par son tuteur ou curateur ; on craint que celui-ci ne parvienne ainsi à ne pas rendre ses comptes (4).

---

(1) V. le §. 8, *de pupill. substit.* II-XVI, et son explication.

(2) Personæ publicæ. *Text. hìc.* Servo publico. L. 18, ff. *h. t.* I-VII. On en dira la raison au titre *de stipul. serv.* III-XVIII.

(3) Vinnius, *hìc.* V. L. 8, §. 15, ff. *de inoffic. testam.* V-II.

(4) L. 17, ff. *h. t.*

§. 4.

On explique dans le reste du titre quelques règles communes aux deux adoptions. Le texte n'exigeant aucune interprétation, je me contenterai d'y joindre de simples observations.

175. Nul ne peut adopter les personnes qu'il a sous sa puissance ; car, dans ce cas, la fiction n'ajouterait rien à la réalité ; mais on peut par adoption reprendre sous sa puissance l'enfant qui en serait sorti par émancipation ou par adoption (1).

§. 5.

176. Pour avoir des enfants légitimes, il faut avoir été marié ; et pour être grand-père, il faut avoir été père ; cependant un père de famille peut adopter sans avoir été marié, et même adopter un petit-fils, sans avoir aucun fils en sa puissance (2), et cela parce qu'on suppose l'existence d'une épouse ou d'un fils prédécédés, supposition qui n'a rien de contraire à l'ordre naturel.

L'enfant dont on veut se rendre le grand-père adoptif ne pourrait pas être supposé né d'une fille ou d'un fils émancipé de l'adoptant, car cette fiction ne le placerait pas sous la puissance de ce dernier.

§. 7.

177. Le consentement du fils de famille n'est

(1) L. 15, §. 1, ff. *h. t.* V. n°. 175.
(2) L. 30, ff. *h. t.* I-VII.

pas nécessaire au père lors même qu'il adopte un petit-fils ; car, en règle générale, celui qu'on adopte pour tel, entre dans la famille comme né d'un fils que l'on suppose prédécédé, et non d'aucun de ceux qui vivent sous la puissance de l'adoptant, à moins que telle ne soit l'intention expresse de ce dernier (1).

Tel est le cas particulier de ce paragraphe, et dans ce cas seulement on exige le consentement du fils qui doit être considéré comme père de l'adopté, et en cette qualité l'avoir en sa puissance au décès de l'adoptant, résultat qui ne doit jamais s'opérer qu'avec son consentement.

Aussi, à défaut de ce consentement du fils de famille, l'adopté sera considéré comme son neveu et ne retombera jamais en sa puissance. Le concours des autres membres de la famille est inutile, quoique l'adopté acquière envers eux tous les droits d'agnation et réciproquement (2).

§. 8.

178. L'adoptant acquiert sur l'adopté la même puissance qu'il aurait sur un enfant naturel, et il peut se dépouiller de cette puissance, soit en émancipant l'adopté, soit en le donnant à un nouveau père adoptif. Mais alors il ne peut plus reprendre par une seconde adoption la puissance dont il s'était démis (3). Il en est autrement des

(1) L. 10; L. 11; L. 44, ff. *h. t.* I-VII. Pothier, *Pand. Just.* 1-9-25 *et* 26.

(2) L. 7, ff. *h. t.*

(3) L. 37, § 1, ff. *h. t.*

enfants naturels dont le retour dans la famille primitive peut toujours s'effectuer par adoption (1).

179. Les effets de l'adoption ne sont pas restreints entre l'adoptant et l'adopté. Elle établit encore, entre ce dernier et tous les membres de l'état de famille où il entre, les liens réciproques de la parenté civile ; et du reste, elle ne produit aucun effet envers les personnes qui, bien que parents de l'adoptant, ne sont pas de la même famille (2).

180. Tout ceci, vrai sans distinction avant Justinien, s'applique encore aux individus adoptés *per imperatorem*, c'est-à-dire, aux *adrogés* et même encore au fils de famille adopté *per pretorem*, mais seulement lorsque ce fils de famille est un descendant de l'adoptant (*non extraneum*), car on se rappelle la distinction précédemment établie par Justinien (3).

§. 9.

181. L'adoption ne pouvant avoir lieu qu'à l'égard des personnes entre lesquelles pourrait exister une filiation naturelle (4), celui qui ne pourrait pas avoir d'enfant naturel, ne peut non plus prendre un enfant adoptif. Tel est, quoiqu'il paraisse énoncer le contraire, le vrai sens de ce

---

(1) L. 12 ; L. 15, §. 1, ff. *h. t.*

(2) L. 7 ; L. 23 ; L. 26, ff. *h. t.* I-VII.

(3) V. §. 2, *h. t.* ; §. 8, *quib. mod. jus patr. pot.* I-XII.

(4) L. 16, ff. *h. t.*

paragraphe ; car si les *spadons* (1) peuvent adopter, c'est parce que la nature ou une opération incomplète n'établit pas ou au moins ne prouve pas comme la castration un état d'impuissance absolu.

§. 10.

182. Les femmes n'ayant jamais de puissance paternelle, même sur leurs propres enfants, ne peuvent point l'acquérir sur ceux qu'on leur permet d'adopter. Elles n'adoptent donc qu'imparfaitement, et l'adopté ne change point de famille, quoiqu'il obtienne sur la succession de l'adoptante les mêmes droits qu'un enfant naturel (2).

Quoiqu'un fils de famille ne puisse pas adopter, il peut cependant avoir des enfants adoptifs, savoir : ceux que le père de famille adopte avec son consentement, pour petit-fils ou petite-fille (3).

---

(1) C'est-à-dire, selon Vinnius, *hìc*, et Pothier, *Pand. Just.* 1-7-16, les personnes affectées seulement d'une impuissance temporaire et guérissable ; mais cette désignation me paraît embrasser, d'après la L. 128, ff. *de verb. signif.*, tous ceux dont on ne peut pas dire, comme des véritables castrats, que *tam necessaria pars corporis PENITUS absit.* L. 7, ff. *de edil. edict.* XXI-I.

(2) C'est-à-dire, que non seulement il succède *ab intestat*, mais que même il peut se plaindre du testament fait à son préjudice ; c'est du moins ce qui me paraît résulter de la L. 5, C. *h. t.* VIII-XLVIII, et de la L. 29, §. 3, ff. *de inoffic. testam.* V-II. Quoique Pothier assure le contraire, mais sans apporter aucun texte. *Pand. Just.* 5-2-6.

(3) §. 7, *h. t.*

§. 12.

183. Un affranchi ne peut être adopté que par son patron et pour de justes motifs (1), un esclave ne peut l'être par personne ; mais lorsqu'il l'est par son maître, cette adoption, sans lui donner aucun droit de famille, a pour lui l'effet d'un affranchissement (2), et même depuis Justinien, sans employer toutes les formes d'une adoption, il suffit de donner à l'esclave le titre de fils, *actis intervenientibus*, c'est-à-dire, dans un acte public devant le magistrat (3).

---

(1) L. 15, §. 3, *h. t.*; L. 3, C. *eod.* VIII-XLVIII.

(2) Janus a Costa et Vinnius, *hic.*

(3) Vinnius, *hic.*

TITRE XII.

De quelles manières se dissout le droit de puissance paternelle.

PP.

184. Il resterait à voir comment se dissolvent les deux puissances dominicale et paternelle. Mais ce qui regarde la première se trouve déjà expliqué au titre 5; quant à la puissance paternelle, elle se dissout par accident, par la dignité du fils de famille et par actes solennels (1).

Les accidents qui dissolvent la puissance paternelle, indépendamment de toute volonté, sont la mort, la perte des droits de cité et celle des droits de liberté.

185. La mort d'un fils de famille fait cesser la puissance paternelle, mais uniquement par rapport à lui. La mort du père libère de sa puissance tous les enfants qui s'y trouvent soumis; chaque tête forme alors une famille particulière, et chaque enfant devient à son tour père de famille (2); cela ne souffre aucune distinction pour les enfants du premier degré.

Mais il n'en est pas toujours de même à l'égard des petits enfants. Leur père, tant qu'il existe dans la famille, forme entr'eux et l'aïeul un intermé-

(1) V. L. 3, C. *de emancip.* VIII-XLIX. Pothier, *Pand. Just.* 1-7-35.

(2) L. 195, §. 2, *de verb. signif.*

diaire sous la puissance duquel ils retombent à la mort du premier. Et en effet, la mort du chef ne rend *sui juris* que les personnes soumises à sa puissance immédiate, et les petits enfants ne sont sous la puissance immédiate de l'aïeul que quand leur père a quitté la famille *d'une manière quelconque*.

186. Je dis *d'une manière quelconque*, quoique le texte dise *par émancipation*; car il est certain que l'émancipation n'a point ici d'effet particulier, et qu'il en est de même dans tous les cas où le fils a quitté la famille, du vivant de son père. Ces mots *per emancipationem* ne peuvent donc être pris que par forme d'exemple; mais ne se trouvant point dans Théophile, ils sont regardés comme une addition fautive des copistes (1).

187. Les personnes qui se trouvent sous la puissance immédiate d'une autre, de manière à devenir pères de famille par sa mort, sont les *héritiers siens* de cette personne. Nous aurons occasion de revenir sur cette qualification (2).

§. 1.

188. Les droits de famille et la puissance paternelle étant propres aux seuls citoyens romains, un étranger ne peut être soumis à la puissance d'un romain, non plus qu'un romain à celle d'un étranger (3). Ainsi, toutes les fois que le fils ou le père

---

(1) Vinnius, *hìc*.

(2) §. 3 et 4, *de tut.* I-XIII; §. 2, *de hered. qualit.* II-XIX; §. 2, *de hered. quæ ab intest.* III-I.

(3) §. 2, *de patr. potest.* I-IX. Ulpien, *fragm.*, *tit.* 10, §. 3.

de famille perdront la qualité de citoyen, ils seront considérés comme morts par rapport à tous les droits civils, et cette mort civile produira tous les effets attribués ci-dessus à la mort naturelle.

Un citoyen romain perdait cette qualité, lorsqu'on lui avait interdit le feu et l'eau, pour le forcer indirectement à s'expatrier. A l'interdiction du feu et de l'eau, a succédé la déportation dans une île, espèce d'exil qui fait également perdre les drois civils (1).

189. On peut les recouvrer lorsqu'on est rappelé par l'indulgence du prince. Ce rappel nommé restitution, ne rend ordinairement que le titre de citoyen, sans rétablir les liens de famille précédemment rompus ; la puissance ne peut être rendue au père, et le titre de fils de famille rendu aux enfants que par une concession expresse (2), ou par la restitution *en entier* (3), c'est-à-dire, par le rétablissement du déporté dans l'universalité de ses biens, honneurs, rang et autres droits.

§. 2.

190. La relégation bien différente en cela de la déportation, n'enlève aucun des droits civils.

---

(1) §. 2, *de capit. demin.* I-XVI.

(2) L. 6 et 9, C. *de sent. pass.* IX-LI. Quelques-uns ponctuent différemment ce paragraphe, et mettent la virgule avant ces mots *per omnia*, ce qui donne un sens tout différent.

(3) In integrum. L. 1, C. *de sent. pass.* IX-LI.

Ovide, relégué par Auguste, avait conservé le titre de citoyen (1).

§. 3.

191. Ce qu'on a dit pour la déportation est vrai à plus forte raison pour la servitude, car la perte de la liberté entraîne celle de tous les autres droits. Le texte ne parle ici que des esclaves de la peine, mais c'est uniquement par forme d'exemple; et cet exemple même ne peut plus être cité dans le nouveau droit qui supprime la servitude de la peine (2). Mais ce qu'on en dit ici reste toujours applicable aux autres manières de perdre la liberté (3), sauf deux fictions très-importantes sur la servitude encourue par la captivité chez l'ennemi.

§. 5.

192. Le prisonnier devient esclave, et tout esclave perd ses droits. Ce principe n'a jamais varié (4); mais on soustrait le prisonnier à la rigueur des conséquences, en niant le fait même de la captivité; et tel est l'objet d'une double

---

(1) Il dit lui-même, en parlant de l'édit d'Auguste, *Trist.* liv. 2, v. 137:

» *Quippè relegatus non exul dicor in illo*, «

et dans la seconde élégie du 5e. livre, v. 56,

» *Nec mihi jus civis, nec mihi nomen abest* «.

(2) Nov. 22, ch. 8.

(3) §. 1, *de cap. demin.* I-XVI.

(4) Quamvis servus hostium fiat. *Text. hic.*

fiction établie sous le nom de *postliminium* pour le cas de retour, er sous le nom de *fiction de la loi Cornelia* pour le cas de mort du prisonnier chez l'ennemi.

Par l'effet du *postliminium*, le prisonnier rentré dans son pays, est supposé n'en être jamais sorti, par conséquent n'être jamais tombé dans l'esclavage. Il reprend donc ses droits même pour le passé, comme s'il ne les avait jamais perdus. Si, au contraire, le prisonnier décède chez l'ennemi, la loi Cornelia le suppose mort à l'instant même de la captivité, ensorte qu'il meure dans l'intégrité de ses droits, et avant d'être dégradé par la servitude.

193. L'effet directement opposé de ces deux fictions ne permet pas, jusqu'à la mort ou jusqu'au retour du prisonnier, de déterminer ni les droits des enfants, ni ceux du père. Tous sont en suspens ; car, en cas de retour, la puissance paternelle n'aura jamais été rompue ; en cas de mort, elle aura été dissoute à compter du moment de la captivité.

Nous aurons occasion de revenir sur ces deux fictions (1). Quant à l'étymologie du mot *postliminium*, je n'ai rien à ajouter au texte.

§. 4.

On traite ici de la seconde manière de dissoudre la puissance paternelle, la troisième sera exposée dans le reste du titre.

---

(1) §. 17, *de rer. div.* II-I; §. 5, *quib. non est permiss. fac. test.* II-XII.

194. Aucune dignité, si ce n'est anciennement celle de vestale et de flamine ne pouvait soustraire les enfants à la puissance paternelle (1). Justinien établit d'abord, en faveur des patrices, une exception peu importante, puisqu'il dit lui-même que le patriciat est rarement conféré à un fils de famille (2). Mais bientôt il accorda le même effet aux dignités d'évêque, de consul, et en général à toutes celles qui libèrent des charges de la curie (3).

195. Dans les cas ordinaires, la dissolution de la puissance paternelle entraîne avec elle la perte des droits de famille par celui qui, en sortant de cette famille, la diminue d'un membre. Ainsi lorsqu'arrive la mort naturelle ou civile du père, lui seul perd ses droits, et l'état de famille continue de subsister entre les héritiers siens devenus *sui juris*, et tous ceux que les héritiers siens conservent sous leur dépendance (4). Pareillement l'adoption ou l'émancipation qui dissout la puissance d'un père vivant, détruit, par rapport à l'adopté ou à l'émancipé, tous les droits de famille. Il en était vraisemblablement ainsi à l'égard des vestales et des flamines (5) ; et il en serait de même par rapport aux patrices et autres dignitaires, si Justinien, par une exception formelle ne leur réservait tous les droits de fa-

(1) *Text. hic.* Ulpien, *fragm.*, *tit.* 10, §. 5.

(2) L. *ult.*, C. *de consul.* XII-III.

(3) Nov. 81, ch. 1 et 2.

(4) L. 195, §. 2, *de verb. signif.*

(5) Aulugell., *Noct. Attic.*, *liv.* 1, *ch.* 12.

mille, et entr'autres celui de reprendre leurs enfants sous leur puissance, à la mort de l'aïeul, le tout comme si le dignitaire était resté fils de famille jusqu'à la mort du chef (1); ainsi il devient *sui juris* sans sortir de la famille.

196. Il importe de remarquer qu'il le devient à dater de la délivrance du diplome (2).

§. 6.

197. La simple volonté du père ne suffit pas pour dissoudre la puissance paternelle, il faut pour cela un acte solennel. On employait autrefois la mancipation à cause du texte de la loi des douze tables, qui déclarait le fils affranchi de la puissance du père qui l'aurait vendu trois fois (3).

Tout ce qu'on a dit sur les formes de l'adoption s'applique ici, avec cette seule différence qu'au lieu de rester sous la dépendance de l'acheteur, le fils de famille était affranchi par celui-ci, après que toute la puissance du père avait été épuisée par une ou par trois ventes (4). De là est venu le mot d'émancipation, qui désignait une mancipation employée sur un fils de famille pour le mettre hors de toute puissance (5).

Par suite de cette mancipation, le fils était considéré comme affranchi de l'acheteur duquel il recevait la liberté. On trouva plus naturel de ré-

(1) Nov. 81, ch. 2.
(2) *Text. hic.*
(3) V. L. 3, C. *de emancip.* VIII-XLIX. Pothier, *Pand. Just.* 1-7-35.
(4) Vinnius, §. 2, *de adopt.*
(5) Ulpien, *fragm.*, *tit.* 10, §. 1.

server au père le titre de patron, et tel était le but d'une convention particulière que l'on insérait dans la dernière vente pour obliger l'acquéreur à ne point affranchir lui-même, mais au contraire à rémanciper au père le fils de famille qu'on lui avait vendu. Par suite de ce rachat, le père considéré non plus comme père, mais comme acquéreur étranger, affranchissait lui-même son fils et devenait son patron. Cette convention nommée *fiducie* était nécessaire pour obliger l'acquéreur à une rétrocession qui n'est pas dans la nature ordinaire de la vente.

198. Ces formes avaient déjà été simplifiées par Anastase, d'après la constitution duquel il suffisait pour dissoudre la puissance paternelle d'obtenir un rescrit du prince (1). Justinien, soit pour l'adoption, soit pour l'émancipation, a réduit toutes les formalités à une simple déclaration faite devant le magistrat compétent (2); dès-lors l'émancipation ne désigne plus que la libération d'un fils de famille qui sort de la puissance paternelle, mais elle rappelle et conserve toujours les conséquences de l'ancienne mancipation qni est encore supposée avoir eu lieu avec la rétrocession fiduciaire. En conséquence le père est considéré comme patron, sans qu'il soit besoin d'aucune mention spéciale (3).

199. Au reste, l'émancipation comme l'adoption ne peut avoir lieu malgré le fils de famille qui s'y oppose formellement (4).

---

(1) L, 5, C. *de emancip.* VIII-XLIX.
(2) *Text. hìc*, L. *ult.* C. *de emancip.*
(3) *Text. hìc*, et §. *ult.*, *de legit. agnat. success.* III-II.
(4) Paul, *Sent.*, *liv.* 2, *tit.* 25, §. *ult.*

§§. 7 et 10.

Le père de famille émancipe ou retient sous sa puissance qui bon lui semble parmi ses fils de famille naturels ou adoptifs, et quant aux petits-enfants l'opposition du père ne gêne en rien la volonté de l'aïeul (1), cependant on peut être forcé d'émanciper malgré soi, 1°. l'adrogé qui arrivé à l'âge de puberté désapprouve l'adrogation antérieure; 2°. les enfants qu'on maltraite; 3°. la fille qu'on prostitue malgré elle (2).

L'enfant émancipé peut en cas d'ingratitude être privé du bénéfice de l'émancipation et replacé comme l'affranchi sous la puissance dont il était sorti (3).

§. 8.

200. L'adoption proprement dite en faisant passer l'adopté de la famille d'un père dans celle d'un autre, détruit à l'égard du premier le droit qu'elle transfère au second; mais ce double effet de l'adoption proprement dite est aujourd'hui subordonné à la distinction précédemment établie par Justinien (4).

§. 9.

201. L'état des enfants par rapport à la puis-

(1) *Text. hic.* Il en est de même lorsqu'il veut les donner en adoption, §. 7, *de adopt.*

(2) L. 32 et 33, ff. *de adopt. et emancip.* I-VII; L. *ult.*, ff. *si a par. quis manum.* XXXVII-XII; L. 12, C. *de spect. et scænic.* XI-XL.

(3) L. 1, C. *de ingrat. lib.* VIII-L.

(4) §. 2, *de adopt.*

sance paternelle se détermine d'après l'époque de la conception. Et voilà pourquoi le petit-fils conçu pendant que son père était encore sous la puissance de l'aïeul, reste sous la puissance de ce dernier, quoiqu'à l'époque de la naissance, le père fût sorti de la famille.

202. Tel est le principe. Mais il faut se rappeler que d'après une constitution de Justinien, c'est l'époque de la naissance qui détermine l'état de l'enfant, dans tous les cas où son intérêt même ne force pas de remonter jusqu'à l'époque de la conception (1).

---

(1) L. 11, C. *in fin. de natur. liber.* V-XXVII.

TITRE XIII.

Des tutelles.

PP.

203. Nous passons ici non pas, comme semble dire le texte, à une autre division des personnes, mais seulement à la seconde branche de la précédente division en personnes *sui* et *alieni juris ;* car la nouvelle division que Justinien annonce n'est qu'une subdivision des personnes *sui juris* dont quelques-unes sont en tutelle ou en curatelle, tandis que les autres n'ont ni tuteur ni curateur.

204. Sont en tutelle les pupilles, c'est-à-dire, les impubères *sui juris*. L'enfant conçu ne peut être considéré comme pupille avant sa naissance (1).

§. 1.

205. Le pupille est par la faiblesse de son âge, rarement capable d'agir, plus rarement encore de discerner le mérite et l'utilité de ses propres actes. Il est donc nécessaire de placer auprès de lui une personne capable qui agisse à sa place, ou au moins qui dirige ses actions (2). Et tel est, si l'on en croit Heinneccius (3), le sens de ces deux mots *vis* et *potestas*, dont le premier indiquerait le droit donné au tuteur d'agir par lui-même indépendamment du pupille; et le second, le pouvoir de valider cer-

---

(1) L. 161 ; L. 239, ff. *de verb. signif.*
(2) §. 6, *de atil. tut.* I-XX.
(3) Element. jur., §. 203.

tains actes du pupille qui resteraient inutiles sans l'approbation ou autorisation du tuteur (1).

206. La tutelle donne ce pouvoir sur une tête libre (*in capite libero*), c'est-à-dire, sur une personne libre de la puissance paternelle, car les fils de famille n'ont pas de tuteur.

207. Le but de la tutelle étant de défendre et de protéger le pupille, elle est tout entière en faveur de ce dernier et en cela bien différente de la puissance paternelle qui fait d'un fils de famille la propre chose du père. Le pupille, quoique sous la direction d'un tuteur, est son maître en ce sens qu'il n'appartient à personne, que ses droits ne profitent qu'à lui seul, et il n'a de tuteur que dans son propre intérêt.

208. En général le pouvoir d'agir pour autrui ne peut être donné que par la personne même, ou à son défaut par la loi. Ainsi la tutelle doit être donnée *par la loi* ou au moins *avec sa permission* (2). De là dans l'origine deux espèces de tutelles, l'une appelée testamentaire et l'autre légitime, parce que la première est déférée par testament avec la permission de la loi, et l'autre par la loi même. A ces deux tutelles s'en est ensuite jointe une troisième qui se donne aussi avec la per-

---

(1) PP. *de auct tut.* I-XXI. Pothier, *Pand. Just.* 26-1-1.

(2) *Jure civili data ac permissa.* Par *jus civile*, il faut entendre non seulement la loi des douze tables d'où sont venues les tutelles testamentaires et légitimes, mais encore plusieurs autres lois dont on aura occasion de parler sur le titre 20.

mission de la loi, mais par le magistrat (1). On l'appelle dative.

§. 2.

Le tuteur est celui qui a la tutelle; son nom lui vient de ses fonctions protectrices ou tutélaires.

§. 3.

209. La tutelle testamentaire est déférée par le testament du père de famille. La loi des douze tables avait déclaré que sa disposition sur la tutelle de sa chose, c'est-à-dire, sur la tutelle des enfants soumis à sa puissance, ferait loi (2). Cette faculté ne peut donc être exercée par le testateur qu'envers les enfants impubères qui sont sous sa puissance et qui ne retomberont point sous la puissance d'un autre (3); car eux seuls sont dans le cas d'avoir un tuteur.

§. 4.

210. Nous avons déjà vu l'enfant conçu considéré comme né lors qu'il s'agissait de son intérêt personnel (4). On applique ici la même fiction pour permettre la nomination d'un tuteur testamentaire à tous les enfants conçus qui, en les supposant nés,

---

(1) PP. *de atil. tut.* I-XX.

(2) Ulpien, *fragm.*, *tit.* II, § 14.

(3) Il faut appliquer ici les mêmes distinctions que celles du pp. au titre précédent.

(4) Et non dans l'intérêt d'un autre. L. 7, ff. *de stat. homin.* I-V. V. l'explication du pp. *de ingen.* et du pp. *de excus. tut.* I-IV et XXIV.

se trouveraient *héritiers siens* ; nous avons dit plus haut que cette expression désignait les enfants placés sous la puissance d'un ascendant, de manière à ne point retomber sous la puissance d'un autre ; aussi après ces mots *sui heredes* était-il superflu d'ajouter *et in potestate eorum* ; car nul n'a d'héritier sien hors de sa puissance.

Il faut observer que le tuteur donné au posthume ne sera tuteur qu'après la naissance ; jusque-là il n'y a point de pupille (1).

§. 5.

211. De ce qui précède résulte cette règle générale, que le tuteur testamentaire ne peut être donné qu'aux héritiers siens du testateur, ou à ceux qui le seraient devenus, s'il avait vécu plus longtemps (2). Cependant le tuteur nommé au fils émancipé doit être nécessairement confirmé par le magistrat, et ce sans examen. Cette nécessité de confirmation est justement ce qui prouve l'insuffisance de la nomination du père ; car celle qu'il a droit de faire n'a pas besoin d'être confirmée ; aussi le tuteur nommé par le père au fils émancipé, n'est-il point véritablement tuteur ; seulement comme le père est toujours présumé connaître et prévoir mieux que personne les intérêts de son enfant, la personne choisie par lui reçoit du magistrat le titre et les droits que le père a désiré, mais n'a pu lui conférer. Le choix du père est donc en ce cas une indication plutôt qu'une nomination ; et

(1) L. 161, ff. *de verb. signif.*
(2) L. 73, §. 1, ff. *de reg. jur.*

en effet, la tutelle considérée comme dative et non comme testamentaire (1), ne commence qu'au jour de la confirmation (2).

212. D'autres personnes telles que le père naturel, la mère, le patron et même les étrangers (3), peuvent aussi faire un choix susceptible d'être confirmé, lorsqu'en instituant le pupille héritier, elles ont ainsi donné la preuve d'un attachement sincère. Mais outre la nécessité d'instituer le pupille, le choix de ces personnes diffère encore de celui du père en ce qu'il n'est confirmé qu'en connaissance de cause et après examen (4). Cette faculté de confirmer la nomination d'un tuteur s'étend à tous les cas où la nomination serait nulle, soit à raison des personnes par qui et pour qui le tuteur a été nommé, soit à raison de la manière dont la nomination est faite (5).

---

(1) L. 3, §. 1, ff. *de testam. tut.* XXVI-II. Pothier, *Pand. Just.* 26-2-10. V. l'explication du §. 18, *de excus.* I-XXV, et celle du pp. *de satisdat.* I-XXIV.

(2) L. 2, C. *de confirm. tut.* V-XXIX.

(3) L. 1, §. 1, ff. *de confirm. tut.* XXVI-III; L. 4, ff. *eod.*; L. 4, ff. *de testam. tut.* XXVI-II; L. 2, C. *eod.* V-XXVIII.

(4) L. 1, §. 2, ff. *de confirm. tut.*

(5) L. 1, §. 1, ff. *de confirm. tut.*

TITRE XIV.

Quels tuteurs on peut donner par testament.

PP.

213. On peut nommer tuteurs testamentaires ceux avec qui l'on a la faction de testament (1), c'est-à-dire, ceux à qui l'on pourrait laisser par testament une chose qu'ils acquerraient pour eux ou pour un autre, encore qu'ils ne puissent pas tester eux-mêmes (2). Il faut de plus que la personne désignée soit capable des charges publiques, car la tutelle en est une (3). Ainsi les femmes sont exclues de la tutelle, à moins qu'une concession spéciale du prince n'accorde à la mère la tutelle de ses enfants (4).

214. On a la faction de testament avec les fils de famille et ils peuvent, aussi bien que les personnes *sui juris*, être nommés tuteurs non seulement par le testateur, mais aussi par le magistrat, car ils sont susceptibles de remplir les charges publiques, et à cet égard on les regarde comme pères de famille (5) : soumis à la puissance pater-

(1) L. 21, ff. *de test. tut.* XXVI-II.
(2) §. 4, *de hered. qualit.* II-XIX.
(3) PP. *de excus. tut.* I-XXIV.
(4) L. 18, ff *de tutel.* XXVI-I.
(5) L. 7, ff. *de tutel.* XXVI-I.; L. 9, ff. *de his qui sui vel alien.* I-VI.

nelle un fils de famille serait incapable d'avoir sur un individu quelconque cette même puissance, mais non pas une puissance différente, comme celle du tuteur sur le pupille.

§. 1.

215. Un esclave est incapable d'aucune charge publique et par conséquent des fonctions de tutelle, auxquelles il ne pourrait pas être appelé par le magistrat (1); mais comme on a la faction de testament avec les esclaves (2), ils peuvent être nommés tuteurs testamentaires pourvu que cette nomination ne leur confère pas la tutelle avant la liberté.

216. L'esclave du testateur acquiert l'une et l'autre en même temps, parce qu'en le nommant tuteur son maître est censé avoir tacitement voulu l'affranchir, en sorte qu'il reçoit la tutelle et la liberté par suite du même acte (3). Il n'en serait pas de même, si le testateur en nommant pour tuteur un de ses esclaves, l'avait cru libre; car on ne peut lui supposer la volonté

---

(1) L. 7, C. *qui dare tut.* V-XXXIV.

(2) §. 4, *de hered. qualit.* II-XIX.

(3) La nomination d'un esclave pour tuteur produit ici le même effet que son institution comme héritier. §. 2, *qui et ex quib. caus.* I-VI; pp. *de hered. instit.* II-XIV. Il est censé, dit le texte, avoir reçu la liberté *directe*, c'est-à-dire, qu'il la reçoit directement et de plein droit en vertu du testament même. Nous parlerons plus loin sur le paragraphe 2, *de sing. reb.* II-XXIV, de la liberté laissée par fidéicommis.

d'affranchir un homme qu'il ne regarde pas comme esclave.

217. Quant à l'esclave d'autrui, la tutelle ne peut lui être déférée purement et simplement pour le temps de la mort du testateur, parce que la disposition d'un étranger ne lui confère pas la liberté ; on ne peut donc lui donner la tutelle que *pour le temps où il sera libre*. Mais cette condition a-t-elle besoin d'être exprimée ? Lorsque le testateur a connu l'incapacité actuelle du tuteur qu'il nommait, on doit croire qu'il a voulu disposer pour le temps où sa volonté pourra produire son effet, c'est-à-dire, à l'égard de l'esclave d'autrui *pour le temps où il sera libre* ; et cette condition se sous-entend, à moins que les circonstances ne prouvent une volonté évidemment contraire (1); et c'est alors seulement que la nomination de l'esclave d'autrui est nulle comme pure et simple, dans le sens de notre texte, c'est-à-dire, lorsqu'on a voulu qu'elle produisît son effet dès l'instant même de la mort, volonté qui ne résulte pas du silence du testament, mais qui doit être démontrée par des circonstances exclusives de la condition tacite qui, sans cela, se présume toujours (2). On va même plus loin, et l'on suppose encore au testateur l'intention de donner à l'esclave d'autrui la liberté telle qu'on peut la lui donner, c'est-à-dire, que l'héritier est présumé

(1) L. 10, §. 4, ff. *de testam. tut.* XXVI-II ; L. 9, C. *de fideic. libert.* VII-IV.

(2) Vinnius, *hic*. Pothier, *Pand. Just.* 26-2-8.

chargé

chargé d'affranchir cet esclave dès qu'il pourra l'acquérir (1).

Si le testateur nomme son propre esclave *pour le temps où il sera libre*, la nomination est nulle, car cette condition indique assez que la libération de l'esclave n'est plus dans l'esprit du testateur une suite nécessaire de sa nomination. On ne peut donc lui supposer l'intention tacite d'affranchir.

§. 2.

218. Ce qu'on a dit des esclaves s'applique aux autres personnes dont l'incapacité peut cesser, comme les foux, les mineurs de vingt-cinq ans. Ils sont présumés nommés pour le temps où ils auront recouvré la raison, ou atteint l'âge nécessaire (2). Dans l'intervalle, le magistrat nomme un tuteur datif (3), si le mineur est dans le cas d'atteindre sa majorité avant la puberté du pupille ; car sans cela, la nomination du mineur serait absolument inutile, et il y aurait lieu à la tutelle légitime (4).

§. 3.

219. La tutelle testamentaire peut, comme toute disposition de dernière volonté, être donnée, soit sous condition, comme on vient de le

(1) L. 10, §. 4, ff. *de test. tut.* XXVI-II. L. 9, C. *de fideicom. libert.* VII-IV.

(2) *Text. hic.* L. 11, ff. *de tut.* L. 10, §. 3, *de testam. tut.* XXVI-I et II.

(3) §. 1, *de Atil. tut.* I-XX.

(4) Vinnius, *hic.*

voir, soit à terme, pour commencer ou pour finir à une époque déterminée; il n'en est pas de même dans la tutelle dative, parce que le magistrat ne peut suspendre ou arrêter dans leur effet les actes d'une autorité à laquelle on recourt pour un besoin actuel (1).

Le texte ajoute que la nomination du tuteur testamentaire peut être faite avant l'institution d'héritier. Cette institution d'héritier est le fondement de tout le testament qui sans elle n'existe pas. Autrefois, toutes les dispositions écrites dans le testament avant l'institution d'héritier, restaient nulles. Cette rigueur abolie aujourd'hui, même à l'égard des legs, n'a jamais été appliquée à la nomination d'un tuteur (2).

§. 4.

220. Quoique les soins du tuteur doivent s'étendre à la fortune et aux biens du pupille, ils ont pour objet primitif la personne du pupille et sa protection. De là vient qu'on ne peut ni restreindre la tutelle à un bien ou à une affaire déterminée, ni en excepter aucune chose ou aucune affaire particulière. Si on le fait, la nomination est nulle pour le tout (3). On peut cependant nommer un tuteur pour tout le patrimoine d'une province (4), lorsque les biens du pupille sont dispersés en différents pays. Dans ce cas, on

(1) Vinnius, *hic*.

(2) §. 34, *de legat.* II-XX.

(3) L. 12; L. 13, ff. *de test. tut.* XXVI-II. V. cependant l'explication du §. 3, *de auct. tut.* I-XXI.

(4) L. 15, ff. *eod.*

divise l'administration de la tutelle plutôt que la tutelle même (1).

§. 5.

221. Il s'agit ici bien moins d'un principe invariable que d'une règle d'interprétation subordonnée aux circonstances qui indiqueraient la véritable intention du testateur (2). Nous ajouterons que sous le nom de fils, on comprend aussi les filles (3).

---

(1) Vinnius, *hic*. Pothier, *Pand. Just.* 26-2-13. V. au titre 24 l'explication du §. 1.

(2) L. 122, ff. *de verb. signif.* Dans notre texte, à la fin du paragraphe, au lieu de *POSTERIS* (descendants), Vinnius lit *POSTHUMIS* (posthumes), conformément à la L. 6, ff. *de test. tut.* XXVI-II, et à la paraphrase de Théophile.

(3) L. 16, ff. *de test. tut.*

TITRE XV.

De la tutelle légitime des agnats.

PP.

222. LA tutelle légitime est, à proprement parler, celle qui est déférée par la loi des douze tables, et en général celle que défère une loi quelconque (1). Dans ce dernier sens, il y a quatre tutelles légitimes ; savoir, 1°. celle des agnats ; 2°. celle des patrons et de leurs enfants ; 3°. celle des ascendants ; 4°. la tutelle fiduciaire.

223. La loi des douze tables, après avoir permis la tutelle testamentaire, ajoutait : *si un père de famille meurt intestat laissant un héritier sien impubère, la tutelle appartiendra au plus proche agnat* (2). Nous avons donc à voir dans quel cas on meurt intestat, et ce que c'est qu'un agnat.

§. 2.

L'intestat est en général celui qui ne laisse point de testament ou dont le testament reste sans effet (3) ; mais ici la loi des douze tables s'entend de l'individu qui meurt intestat quant à la tutelle, encore qu'il laisse un testament relatif à d'autres points. On est donc intestat quant à

---

(1) PP. *h. t.*; L. 5, ff. *de legit. tut.* XXVI-II. Ulpien, *fragm.*, *tit.* 11, §. 3.

(2) Pothier, *Pand. Just.* 26-4-2.

(3) PP. *de hered. quæ ab intest.* III-I.

la tutelle, lorsqu'on n'a point nommé de tuteur, ou que la nomination reste sans effet (1). Dans ces deux cas, le défunt est intestat quant à toute la tutelle. Si le tuteur nommé décède après le testateur, ce dernier est encore intestat, non pour toute la tutelle, mais pour le temps qui reste à courir jusqu'à la puberté du pupille, et cet espace appartient en conséquence à la tutelle légitime (2).

224. Du reste, lorsque l'effet de la nomination testamentaire se trouve suspendu jusqu'à l'événement d'un terme ou d'une condition, cet intervalle est rempli par la tutelle dative; car, tant qu'il est possible d'espérer un tuteur testamentaire, il n'y a pas lieu d'admettre les tuteurs légitimes (3).

§. 1.

225. Nous avons distingué ci-dessus deux parentés, l'une civile, l'autre naturelle. Les agnats ou parents civils sont les membres d'une même famille. On appelle cognats les personnes unies par la parenté naturelle. Ainsi sont agnats entr'eux

---

(1) *Text. hìc, in fin.*

(2) L. 6, ff. *de legit. tut.* XXVI-IV; L. 11, §. 3 et 4, ff. *eod.*

(3) L. 11, ff. *de testam. tut.* XXVI-II. La loi des douze tables divise la tutelle comme l'hérédité, en testamentaire et légitime ou *ab intestat*, et la succession légitime ne s'ouvre jamais que lorsqu'on est certain de ne trouver aucun héritier testamentaire ; c'est alors seulement que le défunt est considéré comme intestat. §. 1 et 6, *de legit. agnat. success.* III-II.

les membres d'une même famille (1); et comme un enfant n'a pas d'autre famille que celle de son père, on désigne ordinairement comme agnats les personnes unies de parenté par mâles, parce qu'elles doivent régulièrement appartenir à la même famille, du moins tant que le lien n'en a point été rompu, suivant ce que nous dirons dans le titre suivant. Du reste, il serait très-inexact de dire que les agnats d'une personne sont ses parents du côté paternel par opposition aux parents du côté maternel. Car, les enfants de la sœur de mon père (amitæ) sont mes parents du côté de mon père, et ne sont point mes agnats, par cette raison, dit le texte, qu'ils ne suivent point la famille de leur mère. C'est donc le lien de famille qui forme l'agnation ; et en effet, la famille n'est que la réunion des agnats (2).

§. 3.

226. On peut sortir de l'état de famille et cesser d'en être membre. Cette sortie qu'on appelle diminution de tête a, sur l'agnation et même sur la cognation, des effets qui seront expliqués avec détail dans le titre suivant.

---

(1) Ejusdem familiæ. L. 10, §. 2, ff. *de grad. et aff.* XXXVIII-X. Ulpien, *fragm.*, *tit.* 11, §. 4.

(2) Familiam dicimus omnium agnatorum. L. 195, §. 2, ff. *de verb. signif.*

TITRE XVI.

De la diminution de tête.

PP.

Nous avons dit plus haut que les personnes devaient être considérées, quant aux droits qu'elles exercent, comme appartenant à trois états ou classes, dont les membres ont entr'eux des droits communs et réciproques, savoir: dans l'état de liberté, le droit des gens; dans l'état de cité, les droits civils; dans l'état de famille, d'autres droits particuliers, tels que ceux de succession, de tutelle, etc.

227. Chacun de ceux qui font nombre dans un état quelconque, y a ce qu'on appelle une tête. Lorsqu'il en sort, il le diminue d'une tête; ainsi, à proprement parler, la diminution de tête est le décroissement du nombre des personnes qui composent l'état de liberté, la cité ou la famille. On appelle diminué de tête l'individu par qui arrive ce décroissement, quoique ce soit réellement l'état qui diminue et la personne qui change d'état (1).

Changer d'état serait, à proprement parler, sortir d'une corporation pour entrer dans une autre, comme l'adopté qui passe dans une nouvelle famille. Mais comme la corporation est toujours diminuée par cela seul qu'on en sort, le

(1) Vinnius, *hic*.

changement d'état, pris ici comme équivalent de la diminution de tête, n'est considéré que par rapport à l'état que l'on quitte, indépendamment de celui où l'on pourrait entrer. En effet, on n'en perd pas moins la qualité de membre du premier et avec cette qualité les droits qui en résultent entre les membres du même corps (1).

228. Trois états susceptibles d'être diminués donnent lieu à trois diminutions de tête, grande, moyenne ou petite, suivant qu'une personne sort à la fois des trois états de liberté, de cité et de famille, ou des deux derniers, ou du dernier seulement (2).

§. 1.

229. Lorsqu'on devient esclave, il y a une tête de moins dans le corps des hommes libres, et par suite dans la cité et dans la famille à laquelle on appartenait; car, la perte de la liberté entraîne celle de tous autres droits. Il y a donc triple diminution de tête. C'est la plus grande.

(1) Ces droits, seul objet pour lequel on recherche l'état auquel les personnes appartiennent, se prennent souvent pour l'état même, et le mot *status* signifie non seulement, 1°. une corporation, une classe d'individus, comme dans le §. 3 *de libert.*, mais encore, 2°. la qualité de membre de cette corporation, et 3°. les droits qui résultent de cette qualité; et c'est dans ce dernier sens que l'a pris Vinnius, pp. *h. t.* L'état, dans le langage ordinaire, désigne le corps d'une nation, et les familles particulières forment réellement des petits états, dans le même sens que la nation ne forme qu'une grande famille. Enfin, la cité se prend aussi bien pour l'ensemble des citoyens que pour le titre et le droit de citoyen.

(2) L. 11, ff. *de capit. minut.* IV-V.

Nous avons déjà parlé des différentes manières de devenir esclave. Il faut observer que la servitude de la peine n'existe plus (1), et que la captivité n'entraîne pas diminution de tête, à cause des deux fictions précédemment exposées (2).

§. 2.

230. En perdant les droits de cité, on peut conserver ceux de liberté, mais non ceux de famille, qui n'appartiennent qu'aux citoyens romains (3). Pour celui qui cesse d'être citoyen, il y a donc diminution de tête double ou moyenne, parce qu'elle est moins étendue que la précédente et plus que la suivante.

Voyez ce qui est dit plus haut sur l'interdiction du feu et l'eau, sur la déportation et la relégation (4).

§. 3.

231. La petite diminution de tête consiste à changer d'état sans perdre les droits de liberté et de cité, c'est-à-dire, à changer de famille. Ce qui arrive, ajoute notre texte, *lorsqu'on cesse d'être son maître pour passer sous la puissance d'un autre, et réciproquement*. Ici le texte n'est pas exact ; car, d'une part, l'adopté proprement dit, et les enfants de l'adrogé, qui restent

(1) Nov. 22, ch. 8.
(2) §. 5, *quib. mod. jus patr. potest.* I-XII.
(3) §. 2, *de patr. potest.* I-IX.
(4) Sur le §. 1 et 2, *quib. mod. jus patr. potest.* I-XII.

tous fils de famille, n'en sont pas moins *capite minuti*, comme l'adrogé lui-même (1); et cela, disent les lois, parce qu'ils ont changé de famille (2). En effet, l'adoption et l'adrogation diminuent nécessairement une famille de toutes les têtes qu'elles transportent dans une autre.

D'autre part, la mort du père n'est point une diminution de tête pour les enfants qu'elle rend *sui juris*. Cela résulte de lois formelles (3); et de plus, il faut remarquer ce qui arrive à la mort du père de famille intestat. L'héritier sien impubère tombe sous la tutelle légitime de ses agnats (4); et certes, il n'aurait point d'agnat, si, en devenant *sui juris*, il éprouvait une diminution de tête, dont l'effet inévitable est de détruire l'agnation (5).

La petite diminution de tête ne consiste donc pas à devenir fils ou père de famille, mais bien, comme le disent les lois précitées, à passer d'une famille dans une autre. Seulement, il faut se rappeler que l'état de famille ne se borne pas à la réunion des personnes soumises à la puissance d'un

---

(1) L. 4, §. 10, ff. *de grad. et affin.* XXXVIII-X; L. 3, ff. *de capit. min.* IV-V.

(2) Quùm familiam mutaverint. L. 3, ff. *de capit. min.* Quià familia mutatur. L. 11, ff. *eod.* IV-V.

(3) L. 3, ff. *ad sen. cons. maced.* XIV-VI; L. 9, ff. *de bonor. possess. contrà tab.* XXXVII-IV. C'est le père seul qui sort de la famille et qui la diminue. Lui seul est donc *capite minutus* dans le sens le plus absolu et le plus naturel, puisqu'il sort de la grande société des êtres vivants.

(4) PP. *de legit. agnat. tut.* I-XV.

(5) §. 3, *eod.*

même chef ; mais qu'il continue toujours d'exister, lors même que cette puissance est dissoute, entre tous ceux qui n'ont point quitté leur place. Ainsi, à la mort du père, chaque enfant, même en devenant chef d'une famille particulière, reste toujours membre de la famille générale ou de l'état de famille (1). Dans cet état de famille, il n'y a pour tous les membres qu'une seule qualité respective, celle d'agnat (2). La distinction en *sui* et *alieni juris* n'est relative qu'à la famille particulière, et quiconque sort de la famille générale n'est plus pour elle, ni père, ni fils de famille.

Il y a donc diminution de tête pour celui qui sort de l'état de famille, parce que, dit Vinnius (3), le nombre des agnats est diminué d'une tête ; et qu'ainsi l'on perd, en sortant, ses agnats et les droits respectifs que cette qualité donnait dans une famille, indépendamment de ceux qu'on retrouve ou non dans une autre.

C'est ce qui arrive à l'adrogé, à l'enfant légitimé et par conséquent *à tous ceux qui passent de leur propre dépendance sous celle d'autrui*, puisqu'il n'y a point d'autre manière d'y passer que l'adrogation et la légitimation. C'est ce qui arrive encore, non pas à ceux qui sortent de la puissance paternelle, puisque la mort du père et

(1 Rectè ejusdem familiæ appellabantur. L. 195, §. 2, ff. *de verb. signif.*

(2) Familiam dicimus omnium adgnatorum. L. 195, §. 2

(3) Ordo agnatorum capite uno minuitur. PP. *h. t.* V. Hotoman, *ibid.*

la dignité du fils laissent ce dernier dans la famille (1) ; mais à l'enfant émancipé (2), et de plus à l'adopté et aux enfants de l'adrogé, qui restent fils de famille comme auparavant.

§. 4.

232. L'affranchissement d'un esclave n'opère aucune diminution, puisqu'il ne compte nulle part, pas même dans la famille de son maître ; et c'est ce que l'on exprime en disant qu'il n'a point de tête, car avoir une tête, c'est faire nombre (3).

§. 5.

Le sénateur qui cesse de l'être, diminue sans doute le sénat, mais sans sortir de sa famille. Il conserve à plus forte raison les droits de cité et de liberté ; il ne change donc point d'état dans le sens de ce titre.

§. 6.

233. En se rappelant que le titre d'agnat n'appartient respectivement qu'aux membres de la même famille, on reconnaîtra que tout changement de famille et par conséquent toute diminution de tête détruit nécessairement l'agnation ou parenté civile. Cela était sans exception dans l'ancien droit, mais la particule *plerumquè*,

(1) Nov. 81, ch. 2.

(2) *Text. hic.* V. sur le § 6, *h. t.*, l'explication du paragraphe dernier du titre précédent.

(3) Vinnius, pp. *h. t.*

placée à dessein à la fin du titre précédent, indique une exception par laquelle Anastase conserve à l'émancipé ses droits d'agnation envers ses frères et sœurs seulement (1). Cette exception est importante à observer ici, parce qu'elle confirme le texte qui déclare l'émancipé *capite minutus*, et qu'elle détruit en même temps une opinion erronée d'après laquelle l'émancipation n'opérerait plus diminution de tête depuis qu'elle a cessé de se faire par vente (2).

234. La cognation ou parenté naturelle se dissout non par toutes les diminutions de tête, mais seulement par les deux premières, sauf cette différence entre la grande et la moyenne diminution de tête, que la cognation, qui, dans le premier cas, ne peut jamais être rétablie même après l'affranchissement de l'esclave (3), peut être rendue au déporté, lorsqu'il est restitué *en entier* (4).

A proprement parler, la cognation, qui est un lien du sang, ne peut jamais être dissoute par le droit (5); mais on la considère comme dissoute, au moins quant à ses effets civils, par les deux diminutions de tête qui produisent, ainsi que nous l'avons vu, une mort civile (6). Du reste,

(1) §. 1, *de success. cognat.* III-V. L. 4, C. *de legit. tut.*

(2) Cette erreur est réfutée dans Vinnius, §. 3, *h. t.*, n°. 3.

(3) *Text. hic.*

(4) V. le § 1, *quib. mod. jus patr. pot.* I-XII.

(5) § *ult.*, *de legit. agnat. tut.* I-XV.

(6) §. 1, *quib. mod. jus. patr. potest.* I-XII.

le lien du sang subsiste toujours et conserve ses effets purement naturels, comme on l'a vu au titre des noces (1).

§. 7.

235. Nous rentrons ici dans la tutelle légitime des agnats, pour dire qu'elle appartient comme l'hérédité, non pas à tous, mais seulement à celui ou à ceux du degré le plus proche (2).

(1) §. 10, *de nupt.* I-X.
(2) PP. *de legit. agnat. success.* III-II.

TITRE XVII.

De la tutelle légitime des patrons.

236. La loi des douze tables, lorsqu'elle donne la tutelle aux agnats, ne règle évidemment que la tutelle des ingénus; car l'esclave n'ayant point de famille, n'a point d'agnats au moment de son affranchissement, et par conséquent point de tuteur légitime, au moins d'après le texte de la loi. Il a donc fallu recourir à son motif.

Le plus proche agnat appelé à la tutelle est aussi appelé à l'hérédité du pupille. Les prudents pensèrent que la loi avait voulu mettre la charge de tuteur en compensation des espérances de l'hérédité. Il semble en effet que le soin du pupille et de sa fortune doit retomber sur les personnes destinées à recueillir cette fortune (1). Le patron et ses enfants sont héritiers présomptifs de l'affranchi, comme les agnats du pupille; ils devinrent aussi les tuteurs de l'affranchi impubère.

237. C'est donc une règle constante que la tutelle légitime suit la qualité d'héritier présomptif, à moins que cet héritier ne fût incapable de la tutelle, comme le serait une femme ou un mineur; en effet, la règle posée ici par Justinien est générale dans les tutelles légitimes et datives pour tous les incapables (2).

---

(1) L. 1, ff *de legit. tut.*

(2) §. *un. de fid. tut* I-XIX; §. 13, *de excusat.* I-XXIV. Pour les tuteurs testamentaires, V. le §. 2, *qui test. tut. dar. poss.* I-XIV.

TITRE XVIII.

De la tutelle légitime des ascendants.

238. L'ÉMANCIPATION faisait considérer l'émancipé comme un véritable affranchi et le plaçait en conséquence sous la tutelle de son patron.

C'était d'abord l'acheteur à qui le fils de famille avait été mancipé (1) ; c'était le père, lorsqu'en vertu de la fiducie, le fils lui avait été rémancipé pour être affranchi par le père même.

En simplifiant la forme, Justinien a conservé tous les effets de l'ancienne émancipation fiduciaire. Le père qui a tous les droits du patron et qui succède à son fils émancipé (2), doit aussi *à l'exemple du patron* être chargé de la tutelle.

---

(1) Ulpien, *fragm.*, *tit.* 11, §. 5.

(2) §. 6, *quib. mod. jus patr. potest.* I-XII ; §. 8, *de legit. agnat. success.* III-II.

TITRE XIX.

De la tutelle fiduciaire.

239. LA tutelle légitime de l'impubère émancipé appartient donc à l'ascendant qui l'émancipe ; mais à la mort de ce dernier, c'est aux héritiers siens, restés jusque-là sous sa puissance, que passe la tutelle, et alors le pupille peut avoir pour tuteur ou son propre père ou son oncle (en cas d'émancipation faite par un aïeul), ou son frère.

240. Ces tuteurs sont *fiduciaires* (1), mais pourquoi forment-ils une classe à part lorsque les enfants du patron n'en font qu'une avec leur père ? Pourquoi le père, considéré comme patron, ne transmet-il pas à ses enfants la tutelle légitime que le patron transmet aux siens ? Telle est l'objection que se fait Justinien à lui-même (2).

Sa réponse consiste à dire que le patron transmet la tutelle légitime, comme à défaut d'affranchissement il aurait transmis la puissance dominicale. L'affranchi retombe sous la tutelle légitime des enfants du patron comme l'esclave serait retombé sous leur puissance. L'émancipé au contraire ne serait point retombé sous la

(1) Parce que leur tutelle est une suite de l'émancipation *fiduciaire*.

(2) *Atqui*, etc...., la réponse commence à ces mots *quoniam filius*, etc.

puissance de ses frères ; ainsi le père qui n'aurait pas transmis la puissance paternelle, ne transmet pas non plus la puissance légitime. Cette raison pourrait cadrer avec la tutelle des frères et des oncles, mais elle est certainement fausse à l'égard du père qui devient tuteur fiduciaire de son fils émancipé par l'aïeul. La raison véritable vient de ce que l'émancipation, en détruisant tous les droits d'agnation, détruit aussi le droit de succession légitime entre l'émancipé et les autres enfants restés dans la famille. Ces derniers, lorsqu'ils ont la tutelle, ne l'ont donc pas comme héritiers présomptifs, et suivant le système de la loi des douze tables ; en cela ils diffèrent des enfants du patron, lesquels succèdent à l'affranchi comme lui succéderait le patron même (1).

241. La tutelle fiduciaire, séparée de l'hérédité, n'est donc pas une tutelle légitime, comme les trois précédentes, mais seulement en ce sens qu'elle est dévolue de plein droit sans aucune nomination, soit par le testateur, soit par le magistrat.

Il faut se rappeler que le père de famille peut exclure la tutelle fiduciaire, en désignant pour l'émancipé un tuteur qui sera confirmé par le magistrat (2).

242. Pour classer les différentes espèces de tutelle légitime, nous distinguerons les affranchis des ingénus.

Les premiers ont pour tuteurs le patron et ensuite ses enfants.

---

(1) V. Vinnius, *hìc* ; Pothier, *Pand. Just.* 26-4-9.
(2) § 5, *de tut.* I-XIII.

Les ingénus deviennent *sui juris* sans diminution de tête, par la mort du père de famille, ou avec diminution de tête par l'émancipation.

Au premier cas, tutelle légitime des agnats;

Au second cas, tutelle légitime de l'ascendant qui émancipe, après lui tutelle fiduciaire.

243. Ce qui regarde les tutelles légitimes a subi de grandes modifications qu'il est nécessaire d'exposer.

APPENDICE

Aux titres 15, 16, 17, 18 et 19.

Novelle 118, *ch.* 5.

On ne considérait d'abord dans l'hérédité que les droits de parenté civile ou d'agnation. Peu à peu certains cognats commencèrent à succéder même d'après la loi civile. Bientôt on ne considéra plus que les liens du sang, et l'hérédité cessa d'être un droit de famille dans le sens où nous l'avons entendu jusqu'ici, lorsque Justinien supprima toute différence entre les agnats et les cognats (1). Ce changement s'étendit aussi sur la tutelle légitime, et chaque parent est appelé à remplir les fonctions de tuteur dans le même ordre qu'il serait appelé à l'hérédité. Ainsi la tutelle fiduciaire ne diffère plus de la tutelle

(1) Nov. 118.

légitime, puisque la différence entr'elles n'était qu'une conséquence de celle que Justinien supprime entre les agnats et les cognats (1).

244. Les femmes sont exclues de la tutelle comme auparavant, à l'exception cependant de la mère et de l'aïeule, qui même viennent à la tutelle par préférence aux collatéraux qui hériteraient concurremment avec elle. Mais cette exception n'a lieu qu'autant que la mère ou l'aïeule renoncent à un nouveau mariage et au bénéfice du sénatus-consulte velléïen. Ce sénatus-consulte, redoutant pour la fortune des femmes, la faiblesse et la facilité avec laquelle elles cèdent aux insinuations étrangères, les dispense de tout engagement contracté en intervenant dans les affaires d'une personne quelconque (2). Au moyen de la renonciation exigée par Justinien, les biens de la mère et de l'aïeule tutrice se trouvent affectés comme ceux d'un tuteur ordinaire à la garantie du pupille.

245. De ce qu'on a dit jusqu'ici, il résulte que l'héritier présomptif est exclu de la tutelle légitime, dans deux cas, savoir : lorsqu'il est mineur et lorsqu'il concourt avec la mère ou l'aïeule du pupille.

---

(1) Déjà cette différence était disparue quant aux frères, depuis qu'Anastase avait réservé le droit de tutelle et de succession légitime aux frères émancipés, §. 1, *de success. cognat.* III-V. L. 4, C. *de legit. tut.* V-XXX.

(2) L. 1, § 1, ff. *ad. sen.-cons. velleïan.* XVI-I ; L. 2, §. *ult.*, ff. *eod.* Pothier, *Pand. Just.* 16-1-2 et 6.

TITRE XX.

..u tuteur Attilien, et de celui qui était ..donné en vertu de la loi Julia et Titia.

PP.

.46. On appelle dative la tutelle donnée par .. magistrat (1).

247. Elle a lieu d'abord à défaut d'aucun tuteur ..estamentaire ou légitime.

§. 1.

Quelquefois même la nomination d'un tuteur ..estamentaire donne occasion de nommer un tuteur ..atif pour l'intervalle qui se trouve entre la mort ..u testateur et l'entrée en fonction du tuteur testa..entaire, lorsqu'il est donné à terme ou sous con..ition (2).

Lors même que la nomination testamentaire est ..ure et simple, il peut encore exister un inter..alle qui nécessite un tuteur datif; car le testament ..e peut s'exécuter qu'après que l'institué s'est porté ..éritier. Cette condition tacite suspend la tutelle comme toutes les autres dispositions du testament. ..insi jusqu'à l'événement il n'y a point encore

(1) *Dative* proprement dite, car les tuteurs testamen..aires sont également *datifs* par opposition aux tuteurs ..égitimes, *quos nemo dat.* L. ff. *de legit. tut.* XXVI-II; V. Ulpien, *fragm.*, *tit.* 11, §. 4.

(2) Voyez ce qu'on a dit plus haut sur le §. 2, *de legit. agnat. tut.* I-XV.

de tuteur testamentaire, il n'y en a que l'espérance (1).

A l'événement de la condition ou du terme, le tuteur datif cesse de l'être, car il n'était que provisoire. Il est cependant certain que la tutelle dative n'admet ni terme, ni condition (2); mais ici le terme et la condition n'influent qu'indirectement sur sa durée et appartiennent réellement à la tutelle testamentaire.

Dans le cas contraire et lorsqu'il devient certain que la personne désignée par testament ne deviendra jamais tuteur, de ce moment la tutelle dative cesse encore, mais pour faire place aux tuteurs légitimes qui n'étaient arrêtés que par la possibilité d'une tutelle testamentaire.

§. 2.

Lorsqu'un tuteur est fait prisonnier, l'incertitude de son retour établit encore une condition jusqu'à l'événement de laquelle on nomme un tuteur datif. Le retour du prisonnier lui rend par droit de *postliminium* les fonctions que sa mort transmet de suite aux tuteurs légitimes (3).

§. 3.

248. Nul ne peut nommer un tuteur s'il n'en a reçu le pouvoir d'une loi quelconque, c'est-à-dire, d'une loi proprement dite, d'un sénatus-consulte,

(1) L. 10, ff. *de testam. tut.* XXVI-II.

(2) La nomination conditionnelle serait entièrement nulle. L. 6, §. 1, ff. *de tut.* XXVI-I.

(3) Vinnius, *hic.*

ou d'une constitution (1). Nous avons donc à examiner quels magistrats ont eu ce pouvoir dans les différentes époques. Car la nomination des tuteurs n'entre dans la juridiction d'aucune magistrature, c'est-à-dire, dans sa compétence primitive et ordinaire ; elle n'en fait que partie accessoire et accidentelle, lorsqu'elle y est ajoutée postérieurement par la loi (2).

249. Les premières lois sur la tutelle dative furent : pour Rome, la loi Attilia d'où est venu le nom de tuteur Attilien ; et pour les provinces, la loi Julia et Titia (3). Elles attribuèrent le droit de nommer, la première au préteur, avec la majeure partie des tribuns (4) ; la seconde aux gouverneurs ou présidents de province.

Il fut dérogé à ces deux lois à cause de leur insuffisance sur la caution à exiger des tuteurs, et sur la contrainte à exercer contre eux pour les forcer à se charger de la tutelle, deux points im-

---

(1) L. 6, §. 2, ff. *de tut.* XXVI-I.

(2) C'est en ce sens qu'il est dit dans la loi 6, §. 2, ff. *de tut.* XXVI-I, que la nomination du tuteur vient de la loi, et non de la juridiction. V. Vinnius, §. 4, *h. t.*, et Pothier, *Pand. Just.* 26-5-2.

(3) PP. *h. t.* On fait remonter la loi *Attilia* jusqu'à la préture du fameux *Attilius Régulus*, l'an de Rome 460 ; et l'on présume que la loi *Julia et Titia* a été portée, l'an de Rome 723, sous le consulat d'*Octave* et de *M. Titius*. V. Heinneccius, *elem. jur.*, §. 241.

(4) Les tribuns, au nombre de dix, ne prenaient aucune décision qu'à l'unanimité. Ici, par exception, et pour ne pas rendre la nomination trop difficile, il suffit que le préteur trouve six tribuns de son avis. V. Vinnius, *hic*.

portants dont il sera traité dans un titre particulier (1).

Le droit de nommer les tuteurs fut attribué sous Claude aux consuls, ensuite aux préteurs, par une constitution que l'on croit d'Antonin le philosophe. Ces tuteurs étaient donnés sur enquête, c'est-à-dire, après un examen qui porte principalement sur l'économie, les mœurs et la fortune du tuteur (2), examen qui probablement avait lieu même avant que la nomination fût attribuée aux consuls (3).

§. 4.

250. Au temps de Justinien, ou pour mieux dire, dans la législation du digeste, ce ne sont plus les mêmes magistrats qui nomment. Dans Rome ce droit appartient au préfet de la ville et au préteur, chacun *selon sa juridiction*; ce qui veut dire ici, chacun pour les personnes et le territoire soumis à leur autorité respective (4).

Dans la province (et la province se prend ici, à partir du centième mille jusqu'où s'étendait autour de Rome la juridiction du préfet, et en deçà duquel était l'Italie proprement dite) (5), les tuteurs étaient nommés par les présidents, ou, lorsque la fortune des pupilles n'était pas consi-

(1) *Tit.* 24.
(2) L. 21, §. 5 et 6, ff. *de tut. et cur. dat.* XXVI-V.
(3) Vinnius, *hìc.*
(4) Vinnius, *hìc.*
(5) L. *un.* ff. *de off. præf. urb.* Pothier, *Pand. Just.* I-12-2.

dérable,

dérable, par les magistrats particuliers de chaque ville, d'après l'ordre des gouverneurs. En effet, sur le rapport des magistrats municipaux, le gouverneur nommait lui-même ou leur renvoyait la nomination du tuteur (1), non par délégation d'un droit qui ne peut être délégué à personne (2), mais parce que le droit de nommer les tuteurs est spécialement attribué aux magistrats municipaux par la loi, sauf la préférence réservée au président (3).

§. 5.

Cette préférence lui est ôtée par Justinien pour les pupilles dont la fortune n'excède pas cinq cents solides; leur tuteur est nommé directement et immédiatement par les magistrats désignés dans le texte.

251. La nomination par les magistrats inférieurs se fait sans enquête, et oblige le tuteur à fournir une caution dont se trouvent dispensés ceux que les magistrats supérieurs nomment avec enquête. Nous parlerons plus bas de cette caution et de la responsabilité des magistrats qui la reçoivent (4).

§. 6.

252. La tutelle est présentée ici comme une institution du droit naturel (5), et avec raison

(1) L. 1, §. 2; L. 5, ff. *de magistr. conven.* XXVII-VIII.

(2) L. 8, ff. *de tut. et cur. dat.* XXVI-V.

(3) L. 3, ff. *eod.*; avec la note de Pothier, *Pand. Just.* 26-5-2.

(4) *Tit.* 24.

(5) Pris ici pour le droit des gens. V. §. 11, *de rer. divis.* II-I.

quant à l'origine de la tutelle en elle-même, mais non pour ce qui regarde le choix du tuteur, car ce point, ainsi qu'on l'a vu par ce qui précède, est entièrement réglé par la loi civile. Ainsi, il est de droit naturel qu'il y ait un tuteur, mais les règles sur la désignation de ce tuteur appartiennent au droit civil (1).

§. 7.

253. Le tuteur nommé doit protéger et défendre la personne du pupille en dirigeant ses actions et en l'autorisant à contracter les engagements qu'il croirait utiles pour ses intérêts. On traitera donc dans le titre suivant de *l'autorisation du tuteur*, que l'on peut regarder comme le principal objet des fonctions du tuteur (2) qui en outre administre les biens du pupille et en dispose dans les bornes prescrites par les lois.

254. La gestion du tuteur donne lieu contre lui à une action de tutelle, sur laquelle nous reviendrons plus loin (3); on observera seulement ici qu'elle ne s'intente jamais qu'après la tutelle finie par la puberté (4) ou par toute autre cause (5).

---

(1) §. 1, *de tut.* I-XIII.

(2) Pothier, *Pand. Just.* 26-7.

(3) Sur le §. 2, *de oblig. quæ quasi ex contract.* III-XXVIII.

(4) *Text. hic.*

(5) L. 8; L. 9, ff. *de tut. et ration. distr.* XXVII-III.

TITRE XXI.

De l'autorisation du tuteur.

PP.

255. Le pupille ne peut agir même avec l'autorisation du tuteur, que lorsqu'il est sorti de l'enfance, c'est-à-dire, passé l'âge de sept ans. Jusque-là on ne lui reconnaît aucune raison (1), et le tuteur agit seul comme dans tous les autres cas où le pupille serait dans l'impossibilité d'agir (2).

256. Sorti de l'enfance, il peut faire certains actes sans autorisation, d'autres seulement avec l'autorisation du tuteur. Ainsi, le pupille peut stipuler d'un autre, c'est-à-dire, se faire promettre et en général rendre sa *condition meilleure*. Au contraire, il ne peut promettre et en général rendre sa *condition pire* qu'avec l'autorisation de son tuteur (3). Un autre texte (4) nous apprend que cette même autorisation est nécessaire au pupille pour s'obliger envers les autres, et inutile pour obliger les autres envers soi. Ce texte rapproché du nôtre, fait voir que dans ce dernier, la *condition meilleure* s'entend des obligations que l'on contracte envers nous, et la *condition pire* de celles que nous contractons envers autrui.

(1) §. 10, *de inutil. stip.* II-XX.
(2) L. 9, ff. *de admin. et peric. tut.* XXVI-VII.
(3) *Text. hic.*
(4) §. 9, *de inutil. stipul.* III-XX.

Les premières offrent au pupille un avantage sans risques, et en conséquence il n'a pas besoin, pour les accepter, de l'autorisation qu'on exige pour contracter les secondes, non qu'elles soient toujours désavantageuses, car alors on ne devrait jamais les autoriser; mais parce que le plus ou moins d'avantage qu'elles présentent, ne peut être apprécié par le pupille seul. La loi en réserve donc l'examen au tuteur, pour qu'il autorise seulement les obligations qu'il reconnaît utiles (1), et alors le pupille rend sa condition pire en ce sens qu'il s'oblige envers autrui.

257. La vente, le louage, et autres actes produisent des obligations mutuelles. Il est donc dans leur nature de rendre la condition du pupille à la fois pire et meilleure : meilleure en ce qu'il oblige un autre envers lui, et sous ce rapport l'acte serait valable; pire, en ce qu'il s'oblige aussi envers l'autre, et sous ce second rapport, le contrat ne vaudrait qu'avec l'autorisation du tuteur. Ainsi, à défaut de cette autorisation, ceux qui ont contracté avec le pupille, sont tenus envers lui, sans qu'il soit tenu envers eux. Toutefois cela ne veut pas dire que dans une vente, par exemple, le pupille vendeur pourrait toucher le prix sans livrer la chose; car ce serait s'enrichir aux dépens d'autrui, ce que la loi ne permet à personne (2). On veut dire seulement que le pupille aura le choix de faire exé-

(1) §. 2, *h. t.*

(2) L. 206, ff. *de reg. jur.*

cuter le marché ou de s'en dédire, mais sans en diviser les obligations réciproques.

Nous parlerons plus loin de l'autorisation nécessaire au pupille pour aliéner (1).

§. 1.

258. L'autorisation du tuteur est indispensable au pupille pour accepter une hérédité, demander la possession-de-biens, et recevoir une hérédité fidéicommissaire (2), et l'acceptation faite sans autorisation, serait nulle à tous égards, quelqu'avantage que l'hérédité puisse d'ailleurs offrir même sans aucuns risques pour le pupille (3).

On en donne pour raison, qu'il ne pourrait accepter l'hérédité sans s'obliger à payer les dettes et les legs; et pour éloigner toute comparaison entre l'acquisition d'une succession et les engagements mutuels dont il vient d'être parlé, on ajoute: que celui qui contracte avec un pupille sans l'autorisation du tuteur, s'expose volontairement à ce qu'il pourrait empêcher, il n'a donc point à se plaindre quand le pupille se joue du contrat; mais au contraire, les créanciers et

---

(1) *Liv.* 2, *tit.* 8, §. 2.

(2) L'hérédité est la succession déférée par le droit civil proprement dit. L'hérédité fidéicommissaire est celle que nous transmet le défunt, non pas directement, mais par un intermédiaire entre nous et lui. La possession-de-biens est une succession déférée par le droit prétorien.

(3) Au lieu de *ne ullum damnum habeant*, on s'accorde à lire *nec ullum damnum habeat*, d'après la loi 9, ff. *de auct. tut.* XXVI-VIII.

légataires d'une succession sont absolument étrangers à l'acceptation qu'en pourrait faire le pupille, et ne peuvent point l'empêcher. Ils seraient donc injustement joués par le pupille, s'il pouvait revenir sur son acceptation.

Ce raisonnement, même en le supposant juste (1), n'explique pas pourquoi l'acceptation du pupille ne serait pas valable, au moins dans son intérêt, et lorsqu'il n'y a qu'à gagner pour lui (2). La véritable raison est que la vente et les autres contrats n'ont besoin que d'un consentement simple. L'acceptation d'une succession au contraire exige plus de discernement et de jugement, on y a besoin d'une plus grande maturité des facultés intellectuelles; or, dans les actes de ce genre, le pupille est censé n'avoir aucune volonté ni pour ni contre, tant qu'il n'est point autorisé par son tuteur (3).

§. 2.

259. Autoriser, vient de *augere* (augmenter), parce qu'en effet l'autorisation donne à l'acte, des effets et une validité qu'il n'aurait pas seul. Dès-

---

(1) Nous verrons plus tard, *liv.* 2, *tit.* 19, §. 5, que les créanciers et légataires n'empêchent pas le mineur, soit d'accepter l'hérédité, soit de se faire restituer pour lésion. Cependant leur position serait la même dans les deux cas.

(2) Vinnius, *hic.*

(3) L. 189, ff. *de reg. jur.* V. Cujas, sur la L. 5, ff. *eod.* On pourrait dire aussi que l'adition d'hérédité est un acte légitime; mais cette raison ne peut s'appliquer ni à la possession-de-biens, ni à l'hérédité fidéicommissaire.

lors l'autorisation ne doit pas précéder (1) l'acte qu'elle a pour objet, parce que pour en augmenter la force, il faut qu'il existe déjà. Elle ne doit point venir après un intervalle quelconque, parce que l'obligation du pupille et l'autorisation du tuteur feraient alors deux actes séparés, dont le premier ne pouvant subsister sans le second, laisserait celui-ci sans objet. L'autorisation qui soutient, mais qui ne remplace pas l'obligation du pupille, doit donc être donnée *in ipso negotio*.

Le tuteur ne devant autoriser que les actes avantageux, et ne pouvant les apprécier d'avance, son autorisation, s'il n'était pas sur les lieux, ne viendrait qu'après un intervalle, ce qui est impossible. Il faut donc qu'il la donne en personne (*præsens*) et non par lettre ou par un tiers.

Le silence ne peut tenir lieu d'approbation. Elle doit être expresse et formelle (2), elle ne pourrait être donnée conditionnellement parce qu'alors ce serait la différer jusqu'à l'événement de la condition. Il faut autoriser purement et simplement les obligations contractées par le pupille, même sous condition (3).

§. 3.

260. Le texte offre une disposition toute simple

(1) Et en cela, l'autorisation diffère du *jussus* qui indique le consentement donné à un acte futur, comme celui du père au mariage de ses fils de famille. PP. *de nupt.*

(2) *Arg.*, L. 3, ff. *h. t.* XXVI-VIII; L. 1, §. 2, ff. *de tut.* XXVI-I.

(3) L. 8, ff. *h. t.*

et qui résulte du principe général que personne ne peut être juge dans sa propre cause.

261. Autrefois on donnait un tuteur spécial pour assister le pupille, par dérogation à la règle qui défend de nommer un tuteur pour une affaire déterminée (1), et à cet autre principe qu'on ne donne point de tuteur à celui qui en a déjà un (2), mais on s'écarte de ces deux règles toutes les fois qu'il est absolument nécessaire d'avoir l'autorisation d'un tuteur, et que le tuteur ordinaire ne peut donner la sienne (3). Ainsi, par exemple, on donne un tuteur spécial pour accepter une hérédité, pour faire restituer celle qui serait laissée par fidéicommis (4); on en donna aussi pour agir en justice, jusqu'à ce qu'un changement notable dans la procédure permit d'agir seulement avec l'assistance d'un curateur (5); dès-lors on cessa pour ce cas, de faire exception aux règles précitées.

262. Le droit nouveau rend à peu près inutile la disposition de ce paragraphe; aucun débiteur ou créancier du pupille ne peut devenir son tuteur. Et si le tuteur devient créancier ou débiteur postérieurement à son entrée en fonctions, on lui adjoint un curateur pour tout le temps de la tutelle (6).

---

(1) § 4, *qui test. tut. dar.* I-XIV.

(2) §. 5, *de curat.* I-XXIII.

(3) Pothier, *Pand. Just.* 26-5-23. Remarquez que ces tuteurs spéciaux sont toujours datifs.

(4) L. 9; L. 13, ff. *de tut. et cur. dat.* XXVI-V.

(5) V. l'explication du pp. *de success. subl.* III-XIII.

(6) Nov. 72, ch. 2.

TITRE XXII.

De quelles manières finit la tutelle.

PP.

263. Le pupille sort de tutelle à la puberté, et la puberté commence à douze ans pour les femmes et à quatorze ans accomplis pour les hommes, quel que soit d'ailleurs l'état et le développement du corps.

Tel était l'avis de Proculus. Priscus au contraire voulait juger la puberté non seulement d'après l'âge, mais aussi d'après l'état du corps. Néanmoins le sentiment de Proculus était seul observé dans la pratique, même avant Justinien. Du reste, il n'y avait rien d'indécent à considérer l'état du corps ; la taille, le port et plusieurs autres signes extérieurs et patents, manifestent assez la puberté dans les femmes comme dans les hommes. Il est donc probable que Justinien combat ici une pure chimère, et s'est formé une idée fausse d'une chose déjà éloignée de son siècle et de ses usages (1).

264. Dans l'ancien droit, les femmes ne cessaient point d'être en tutelle, à cause de la faiblesse de leur sexe et du peu d'expérience qu'elles ont des affaires (2).

---

(1) Vinnius, *hic.*

(2) Ulpien, *fragm.*, *tit.* 11, §. 1.

§. 1.

265. Toute diminution de tête du pupille détruit nécessairement la tutelle ; car il ne peut que devenir esclave par la grande diminution de tête, étranger par la moyenne, et fils de famille par la petite, et dès-lors il n'est plus *tête libre* dans le sens de la définition de la tutelle (1).

La captivité du pupille ne fait cesser la tutelle que pour le cas où il ne revient pas ; car à son retour elle est censée, par la fiction de *postliminium*, n'avoir jamais discontinué (2).

§. 3 et 4.

La tutelle finit à plus forte raison par le décès du pupille.

266. Dans les cas énumérés jusqu'ici, la tutelle finit et pour le tuteur et pour le pupille. Mais la fin de la tutelle peut n'être que la cessation des pouvoirs et de la gestion d'un tuteur, le pupille continuant d'être en tutelle et d'avoir un autre tuteur. C'est ce qui arrive :

1°. Par la mort du tuteur ;

2°. Par sa grande et moyenne diminution de tête ; car la tutelle ne peut appartenir qu'à un citoyen romain.

Quant à la petite diminution de tête du tuteur, elle ne détruit que la tutelle des agnats, parce qu'elle seule est un droit de famille ; et comme

(1) §. 1, *de tut.* I-XIII.
(2) Vinnius, *hic*.

depuis la novelle 118, il n'y a plus d'agnats, il n'y a par conséquent plus de tutelle susceptible d'être enlevée au tuteur par sa petite diminution de tête.

§. 2 et 5.

267. Les pouvoirs du tuteur testamentaire peuvent finir encore :

3°. Par l'événement de la condition ;

4°. Par l'événement du terme apposé à la nomination.

Le terme ou la condition peuvent être apposés, non pour faire cesser, mais au contraire pour faire commencer la tutelle testamentaire. Dans ce cas, le même terme et la même condition finissent la tutelle donnée par le magistrat en attendant l'autre.

Il en est de même au retour du tuteur captif (1).

§. 6.

268. Les pouvoirs d'un tuteur quelconque finissent en outre :

5°. Par les excuses qu'il fait admettre ;

6°. Enfin, par sa destitution.

Dans ces deux cas, où la tutelle finit, non pas de plein droit, mais avec l'intervention du magistrat, le tuteur excusé ou destitué n'est jamais remplacé que par un tuteur datif (2).

---

(1) §. 1 et 2, *de Attil. tut.* I-XX.

(2) L. 11, §. 1, 2, 3 et 4, ff. *de legit. tut.* XXVI-IV ; Pothier, *Pand. Just.* 26-5-14. V. notre explication sur le titre 25, n°. 290.

TITRE XXIII.

Des curateurs.

269. Les personnes *sui juris* se divisent en trois classes, dont nous venons de voir la première. Justinien traite ici de celles qui sont en curatelle.

PP.

270. Nous distinguerons quatre espèces de curatelles (1), dont la première a lieu sur les mineurs de 25 ans. Avant l'âge de puberté, le père de famille est dans la double incapacité de conduire sa personne et de gérer ses biens. Parvenu à la puberté, on le juge capable de se conduire lui-même (2), quoiqu'on ne lui suppose pas encore toute la capacité nécessaire pour disposer de ses biens. Alors il n'a plus de tuteur pour sa personne ; mais jusqu'à 25 ans accomplis, il peut recevoir un curateur pour gérer sa fortune.

271. Autrefois on ne donnait point de curateur à raison de l'âge. La loi Lætoria (3) permit bien de donner un curateur aux mineurs, mais

(1) Il y en a une cinquième entièrement étrangère aux personnes, et dont il est question dans le §. 9, *de suspect. tut* I-XXV.

(2) Et, par exemple, de se marier à son gré. L. 20, ff. *de rit. nupt.* XXIII-II.

(3) Portée l'an de Rome 490, sur la proposition du tribun Lætorius.

seulement pour faiblesse de jugement, prodigalité ou folie. Marc-Antonin permit ensuite de leur en donner, par cela seul qu'ils sont mineurs, et sans qu'il fût besoin d'alléguer aucun autre motif particulier (1); ainsi, cette espèce de curatelle n'a donc plus d'autre motif que la minorité.

§. 2.

Ainsi le mineur en cette seule qualité peut, mais ne doit pas indispensablement recevoir un curateur, car on ne lui en donne que lorsqu'il le demande lui-même (2); mais une fois qu'il a reçu un curateur, le mineur ne reprend l'administration de ses biens qu'à l'âge de majorité (3), à moins que dans des cas très-rares, il n'obtienne, non du magistrat, mais du prince même, une dispense d'âge.

272. Cette règle que le mineur n'a point de curateur malgré lui, souffre exception, 1°. pour les procès, 2°. pour recevoir le payement d'un débiteur, ou les comptes du tuteur. Et dans ces divers cas, à défaut par le mineur de demander lui-même un curateur, l'adversaire, le tuteur ou le débiteur peuvent eux-mêmes en demander un pour lui, afin d'assurer la validité de la procédure, du payement ou des comptes (4).

---

(1) Vinnius, *hìc*; Pothier, *Pand. Just.* 26-5-28.

(2) *Text. hìc.* L. 13, §. ult., ff. *de tut.* XXVI-I; L. 2, §. 5, ff. *qui pet. tut.* XXVI-VI; Vinnius, *hìc*; Voet, 27-10-2.

(3) Tel est, selon Vinnius, le cas des L. 1, §. 3, ff. *de minor.* IV-IV; L. 2; L. 3, in pp. eod.

(4) *Text. hìc.* L. 1; L. 7, C. *qui pet. tut.* V-XXXI; L. 7, §. 2, ff. *de minor.* IV-IV.

§. 3.

273. La loi des douze tables place les foux et prodigues sous la curatelle légitime de leurs agnats.

La folie est un état évident par lui-même ; la prodigalité au contraire tient à des qualités dont elle ne se distingue souvent que par des nuances très-délicates. De là résulte une grande différence entre le fou et le prodigue ; le premier est de plein droit dans le cas d'avoir un curateur, par cela seul qu'il est fou ; le prodigue, au contraire, n'est pas aux yeux de la loi, celui qui serait généralement connu pour tel, mais celui dont le préteur a prononcé l'interdiction (1).

274. La curatelle dont il s'agit ici, diffère essentiellement de celle des mineurs, qui est toujours dative et limitée à l'âge de 25 ans, tandis que ce même âge ne fait que commencer la tutelle des foux, prodigues, etc. ; car s'ils reçoivent un curateur avant leur majorité, c'est comme mineurs qu'ils le reçoivent, plutôt que comme foux, prodigues, etc. (2).

275. La loi des douze tables n'avait prévu que le cas le moins fréquent, où la curatelle serait nécessaire pour les foux et prodigues. En effet, elle ne donne la curatelle légitime que sur les foux et prodigues qui ont succédé à leur père

---

(1) Vinnius, *hic* ; Pothier, *Pand. Just* 27-10-1.

(2) L. 1, C. *de cur. fur.* V-LXX ; L. 3, §. 1, ff. *de tut.* XXVI-I.

intestat. Aussi fut-il nécessaire de donner, dans le même cas de folie ou de prodigalité, des curateurs datifs aux affranchis qui n'ont jamais de père légitime, aux ingénus institués ou déshérités par le testament paternel (1); et même aux ingénus dont le père est mort intestat, lorsqu'il ne se trouve aucun agnat capable de gérer la curatelle légitime (2). Telle est la curatelle prétorienne annoncée dans le texte.

§. 4.

Cette troisième espèce de curatelle s'étend en outre sur les imbécilles, les sourds, les muets et autres incurables auxquels ne s'applique, dans aucun cas, la disposition de la loi des douze tables sur les foux. En effet la folie, bien qu'elle obscurcisse toutes les facultés intellectuelles, ne les obscurcit cependant ni toujours, ni pour toujours, puisqu'elle est susceptible d'intervalles lucides et de guérison; et sous ce rapport, la folie diffère de la démence, qui fait perdre l'esprit sans retour (3).

Nous reviendrons ailleurs sur la plus ou moins

---

(1) Ulpien, *fragm.*, *tit.* 12, §. 1, 2 et 3; Janus à Costa, *hic*; Cujas, *ibid.*, et *parat. ad cod.*, *lib.* 5, *tit.* 70.

(2) L. 13, ff. *de cur. fur.* XXVII-X; Pothier, *Pand. Just* 27 10 7.

(3) V Evrard Otton, *hic*. Nous avons déjà vu que les décisions prises pour le cas de démence, ne s'appliquent pas de plein droit à la folie. V. L. 25, C. *de nupt.* V-IV.

grande incapacité des personnes soumises à la curatelle (1).

§. 5.

276. La quatrième espèce de curatelle se donne sur les pupilles ; lorsque le tuteur ne peut pas administrer, comme *on ne donne point un second tuteur à celui qui en a déjà un*, alors on adjoint un curateur, soit pour la totalité des affaires, soit pour une opération déterminée (2); car le curateur peut, à la différence du tuteur, être donné pour un objet particulier (3).

§. 6.

277. Le tuteur peut aussi avoir pour représenter le pupille dans un procès, lorsque l'âge, une maladie ou l'étendue des affaires l'empêchent d'y suffire, un agent ou adjuteur choisi par lui, et constitué à ses risques et périls par le préteur (4).

La nomination de cet agent judiciaire est indispensable dans le cas prévu par notre texte, c'est-à-dire, lorsque le pupille est absent ou enfant (5) ; mais autrement, le pupille présent et

(1) V. §. 2, *quib. alien. lic.* II-VIII ; §. 7, 8 et 10, *de inutil. stipul.* III-XX ; V. aussi §. 1, 2, 3 et 4, *quib. non est permiss. fac. test.* II-XII ; §. ult., *de hered. qualit. et diff.* II-XXI.

(2) V. §. 2, *de excusat. tut.* I-XXIV ; §. ult., *de auct. tut.* I-XXI.

(3) §. 2, *h. t.* ; § 4, *qui test. tut. dar. poss.* I-XIV.

(4) *Text. hic.* L. 13, §. 1, ff. *de tut.* XXVI-I.

(5) *Text. hic.* L. 24, ff. *de admin. et peric. tut.*, XXVI-VII ; Cujas, *ad. h. l.*

au-dessus de l'enfance peut avec l'autorisation du tuteur constituer simplement un procureur que le tuteur ne pourrait pas constituer seul, du moins en tout état de cause (1).

§. 1.

278. Les curateurs datifs se donnent par les mêmes magistrats que les tuteurs, non seulement aux mineurs, mais même à toutes autres personnes (2). Relativement au curateur désigné par testament, il faut appliquer ici ce qu'on a déjà dit sur la confirmation du tuteur nommé au fils émancipé (3).

279. Toute curatelle finit avec sa cause, c'est-à-dire : celle des mineurs à l'âge de 25 ans ; celle des foux, prodigues, etc., à leur guérison, et celle des impubères à l'âge de puberté, sauf à demander ensuite un autre curateur (4).

280. Le curateur est tenu de rendre compte non par action de tutelle, mais par une action utile *negotiorum gestorum* dont nous parlerons plus bas (5), et qui s'intente, seulement après la curatelle pour le compte général, et même pendant la gestion pour les comptes particuliers (6).

---

(1) L. 11, C. *de procur.*

(2) *Text. hic*, §. 3, *h. t* ; V. §. 4, *de Attil. tut.* I-XX.

(3) V. §. 5, *de tut.* I-XIII.

(4) L. 25, ff. *de tut. et cur. dat.* XXVI-IV.

(5) L. 3, §. 5, *de negot. gest.* III-V ; L. 4, §. 3, ff. *de tut. et ration. distr.* XXVII-VII ; V. L. 19, §. 2, ff. *de testam. tut.* XXVI-II ; et plus bas le livre 23, titre 28, §. 1.

(6) Pothier, *Pand. Just.* 27-3-64 et 27-5-6.

TITRE XXIV.

De la caution des tuteurs et curateurs.

281. Il reste à parler de quelques points communs aux tuteurs et aux curateurs, et l'on commence dans ce titre par la caution qu'ils doivent fournir avant de gérer, car tout acte passé auparavant serait nul (1). Les tuteurs et curateurs doivent aussi, avant d'entrer en fonctions, faire inventaire et, d'après le droit nouveau, jurer d'administrer fidellement (2).

PP.

282. Une caution est en général une sûreté, une garantie. Celle des tuteurs et curateurs est donnée pour assurer (*rem pupilli vel adolescentis salvam fore*) que les biens du pupille, du mineur, etc., seront conservés; et c'est ce qu'une tierce personne appelée *fidéjusseur* garantit sur sa responsabilité personnelle en s'engageant par une stipulation dont nous parlerons plus tard (3): c'est la caution ainsi donnée par fidéjusseur, que l'on nomme ici *satisdation*.

283. Tous les tuteurs et curateurs ne sont cependant pas obligés de la donner. On excepte 1°. les tuteurs à qui le choix du père tient lieu de caution (4), c'est-à-dire, les tuteurs testamentaires

(1) L. 1; L. 3; L. 5, C. *de tut. vel curat. qui.* V-XLII.
(2) Nov. 78, ch. dernier; Pothier, *Pand. Just.* 26-7-1.
(3) Sur le §. 4, *de divis. stipul.* III-XIX.
(4) L. 27, C. *de episcop. aud.* I-IV; L. *ult.*, §. 5, C. *de curat. fur.* V-LXX.

proprement dits et même ceux qui ont besoin d'être confirmés par le magistrat ; car ces derniers sont, quant à la caution, considérés comme testamentaires (1), sans que la même faveur s'étende au tuteur confirmé sur tout autre choix que celui du père (2).

On excepte 2°. parmi les tuteurs et curateurs datifs ceux qui sont nommés sur enquête, c'est-à-dire, par les magistrats supérieurs ; parce que l'examen qui précède leur nomination, est une garantie présumée suffisante (3).

Le père et le patron tuteurs légitimes, peuvent aussi, en connaissance de cause, être dispensés par le préteur ; mais ils ne le sont pas de plein droit (4).

§. 1.

28½. Quoique généralement dispensés, les tuteurs et curateurs ci-dessus désignés peuvent encore se trouver dans le cas de fournir caution lorsqu'ils sont plusieurs. Alors l'administration est ordinairement confiée à un seul tuteur *onéraire*, tandis que les autres restent tuteurs *honoraires* sans fonction, mais toujours responsables envers le pupille (5).

Il est juste alors que le premier donne caution, sinon directement dans l'intérêt des pupilles, suffisamment garanti par la responsabilité des tuteurs

---

(1) L. 3, ff. *de confirm tut.* XXVI-III.

(2) L 5, ff. *eod* V. l'explication du paragraphe dernier, *de tut* I-XIII.

(3) *Text. hic.* L. 13, §. 2, ff. *de tut. et cur. dat.* XXVI-V ; Pothier, *Pand. Just.* 26-7-4.

(4) L 5, §. 1, ff. *de legit. tut.* XXVI-IV.

(5) L. 3, §. 2 et 6, ff. *de admin. et peric. tut.* XXVI-VII.

honoraires, au moins dans l'intérêt de ces cotuteurs responsables (1).

Mais ceux-ci ne peuvent pas exiger directement cette caution d'un tuteur que la loi en dispense. Le seul moyen qu'ils aient, consiste à demander au tuteur désigné pour administrer, de leur céder l'administration ; et comme il n'est point obligé d'avoir plus de confiance dans les autres que les autres n'en ont en lui, ils doivent en même temps lui offrir caution pour assurer sa propre indemnité. Alors il a le choix ou d'accepter la proposition ou de conserver son administration, mais sous la condition à laquelle les autres se soumettent, c'est-à-dire, de donner caution.

285. Voilà pour le cas où quelqu'un offre caution ; et tout ce qui est dit dans le texte, jusqu'à ces mots *quod si nemo*, est commun aux tuteurs et curateurs soit datifs, soit testamentaires.

Si personne n'offre caution, l'administration reste à la personne désignée soit par le testament, soit, à défaut, par la majorité des tuteurs ou curateurs eux-mêmes, lorsqu'ils peuvent s'accorder, sinon par le magistrat. La suite du texte jusqu'à ces mots *idem et in pluribus*, quoique particulière aux tuteurs testamentaires, se trouve, d'après la fin du paragraphe, applicable aux tutelles et curatelles données sur enquête.

286. L'administration peut aussi se diviser entre les cotuteurs, soit par l'acte même de nomination, ainsi qu'on l'a vu plus haut (2), soit postérieure-

(1) V. §. 20, *de inutil. stipul.* III-XX.

(2) Sur le §. 4, *qui testam. tut.* I-XIV.

ment sur la demande des cotuteurs qui prennent chacun ou des arrondissements, ou des parties différentes (1), sans répondre les uns des autres (2).

§. 3.

287. Si un tuteur obligé de donner caution, ne la fournit pas, on le contraint *en prenant des gages*, c'est-à-dire, en saisissant par ordre du magistrat une partie de ses biens que l'on retient en gage (3); et s'il persiste dans sa résistance, il est traité comme suspect (4).

§. 2.

288. On a vu que l'administration des tuteurs et curateurs donne lieu contre les premiers à l'action de tutelle, et contre les seconds à l'action utile *negotiorum gestorum* (5). La stipulation par laquelle le fidéjusseur des uns et des autres cautionne leur administration, produit contre lui une action dite *ex stipulatu* (6).

289. Il existe encore une autre action contre les magistrats lorsqu'ils ont négligé de faire donner caution, ou qu'ils ont admis une caution insuffisante (7), pourvu toutefois que cette négligence

(1) L. 3, §. *ult.*; L. 4, ff. *de admin. et peric.* XXVI-VII.

(2) L. 2, C. *de peric. tut.* V-XXXVIII.

(3) Théophile, *hìc.*

(4) L. 7, §. 3, ff. *de susp. tut.* XXVI-X; L. 3, C. *eod.* V-XLVIII. V. plus loin, *liv.* I, *tit.* 26.

(5) V. l'explication du §. ult., *de Attil. tut.* I-XX; et du §. 1, *de curat.* I-XXIII.

(6) V. pp. *de verb. oblig.* III-XVI.

(7) V. §. 5, *de Attil. tut.*

cause au pupille un préjudice réel, lequel n'existe pas lorsque le tuteur non cautionné se trouve solvable à la fin de sa gestion (1) ; en effet, cette action purement *subsidiaire* (2) n'a lieu qu'à défaut de tout autre recours.

Cette même action se donne aussi contre les héritiers du magistrat, mais moins rigoureuse que contre lui-même ; car il serait tenu de toute espèce de faute, et ses héritiers ne sont tenus pour lui que de ses fautes graves (3).

§. 4.

C'est contre les magistrats inférieurs que cette action a lieu, quand même ils auraient droit de nommer les tuteurs. Ainsi les paroles de ce texte doivent s'entendre non pas de tous les magistrats qui ont droit de nommer les tuteurs, mais seulement des magistrats supérieurs qui exercent ce droit dans toute sa plénitude, et sans attendre la permission d'aucun autre fonctionnaire (4).

---

(1) L. 5, C. *de magistr. conven.* V-LXXV ; L. 53, ff. *de admin. et peric.* XXVI-VII.

(2) *Text.*, *hìc.*

(3) L. 4, ff. *de magistr. conven.* XXVII-VIII ; L. 2, C. *eod.* V-LXXV. V. plus bas, *liv.* 4, *tit.* 12, § 1.

(4) L. 2 ; L. 3, ff. *de magistr. conven.* XXVII-VIII ; Vinnius, *hìc* ; Pothier, *Pand. Just.* 27-8-9.

TITRE XXV.

Des excuses des tuteurs et curateurs.

290. Nous revenons ici sur deux manières de finir la tutelle, non pas de plein droit et en vertu de la loi seule, comme la puberté, la mort, la captivité, etc., mais par l'intervention du magistrat qui excuse ou qui destitue le tuteur. Il en résulte à l'égard du tuteur testamentaire ou légitime, que, comme les magistrats ne peuvent lui retirer une qualité qu'il ne tient pas d'eux, celui qu'ils excusent ou destituent, perd l'administration de la tutelle plutôt que la tutelle même. Dès-lors il n'est point remplacé par le tuteur qui viendrait après lui dans l'ordre des tutelles légitimes, il n'est que suppléé par un tuteur datif (1).

291. Tout citoyen a envers l'état des obligations à remplir même au préjudice de son intérêt privé. Ce sont les charges publiques (2) comme les impôts, le service militaire, etc. On les appelle publiques, soit parce qu'elles sont dans l'intérêt général, soit parce qu'elles pèsent sur tous les citoyens, sans que personne puisse en être dispensé autrement que par un motif légal. La tutelle et la curatelle sont des charges publiques (3), mais sous

---

(1) V. L. 11, §. 2, 3 et 4, ff. *de test. tut.*; L. 3, §. 8 et 9, ff. *de legit. tut.* XXVI-II et IV; Pothier, *Pand. Just.* 26-4-14.

(2) L. 239, §. 3, ff. *de verb. signif.*; L. 14, §. 1, ff. *de mun. et honor.* L-IV.

(3) PP., *h. t.*

le dernier rapport seulement; car elles n'exigent aucun sacrifice de la part du tuteur ou curateur qui gèrent gratuitement, mais sans être obligés de rien mettre du leur. En effet, on leur accorde pour se faire payer non de leurs soins, mais de leurs dépenses, une action dont nous parlerons plus tard (1).

§. 16.

292. S'excuser, c'est réclamer devant le magistrat et lui présenter un motif pour être dispensé de prendre ou de continuer la gestion. On peut en général renoncer à un moyen d'excuse comme à tous les droits introduits en notre faveur; et après y avoir renoncé soit expressément en promettant d'avance au père de famille de gérer la tutelle de ses enfants (2), soit tacitement en s'immisçant dans la gestion (3) ou en laissant écouler le temps fixé pour se faire décharger (4), on ne peut plus se prévaloir du droit abandonné. Mais celui qui ne fait d'abord valoir qu'une partie de ses motifs, ne renonce pas au reste, et après le rejet des premières excuses rien ne l'empêche de recourir aux autres s'il est encore dans les délais (5).

293. Ces délais commencent à courir du jour où les tuteurs et curateurs ont connu leur nomination. Ils sont de cinquante jours *continus*, c'est-à-dire, comptés de suite et sans en retrancher au-

(1) V. *liv.* 3, *tit.* 28, §. 1 et 2.
(2) §. 9, *h. t.*; L. 15, §. 1, ff. *h. t.* XXVII-I.
(3) L. 2, C. *si tut. vel cur. fals.* V-LXIII.
(4) L. 13, §. 1, ff. *h. t.*
(5) *Text. hic.*

cun,

cun, à la différence des jours *utiles* qui se comptent en déduisant tous ceux où l'on ne peut agir, par exemple, ceux où le magistrat ne donne pas audience (1).

Le délai augmente à raison des distances, lorsque le tuteur ou curateur demeure à plus de cent milles du lieu où la tutelle et curatelle sont déférées. On lui donne alors trente jours, plus un jour par vingt milles. Mais ce calcul ne peut être avantageux que pour celui qui, demeurant à plus de quatre cents milles, peut aux trente jours fixes ajouter pour la distance plus de vingt jours. Au reste, cette manière de compter ne préjudicie à personne, car on ne donne jamais moins de cinquante jours (2).

294. Le moyen ordinaire pour faire réformer la sentence d'un magistrat, est de la dénoncer à un juge supérieur. C'est ce qu'on nomme appeler. Les tuteurs légitimes ou testamentaires n'ont pas d'appel à exercer, puisqu'ils ne sont pas nommés par sentence ; mais même dans la tutelle dative, ce n'est pas directement par voie d'appel qu'on réclame contre le jugement qui la défère. Le tuteur ou curateur présente ses excuses au même magistrat qui l'a nommé, sauf à se pourvoir par appel contre la sentence qui rejetterait les excuses, et c'est une différence introduite par Marc-Aurèle entre l'excuse des tutelles ou curatelles, et celle des autres charges publiques (3).

---

(1) L. 1, ff *de divers. temp. præscript.* XLIV-III.
(2) *Text. hic.* L. 13, § 2, ff. *h t* XXVII-I.
(3) L 18, C. *eod.* V-LXII ; L. 13, ff *eod.* ; L. 1, §. 1 et 2, ff. *quando appell.* XLIX-IV.

§. 17.

295. L'administration du tuteur s'étend à tout le patrimoine, ainsi l'on devrait régulièrement s'excuser pour le tout, et non pour partie. Mais de même que l'administration peut en certains cas se diviser, on peut aussi s'en excuser pour partie, par exemple, lorsque les biens sont situés dans des provinces différentes (1).

§. 20.

296. La chose jugée est en général tenue pour vraie (2); cependant un jugement rendu sur de faux motifs, peut être rescindé (3). Nous avons vu précédemment une exception (4), celle qu'on nous présente ici a lieu dans un sens tout contraire, puisque le jugement est nul de plein droit et sans avoir besoin de demander aucune rescision (5). C'est une faveur accordée aux mineurs. Ainsi dans le cas prévu, le tuteur ou curateur reste exposé à toute la responsabilité que lui impose cette qualité (6).

---

(1) V. L. 19; L. 21, §. 2, ff. *h. t.* XXVII-I; L. 2, C. *eod.* V-LXII, et l'explication du §. 4, *qui test. tut.* I-XIV.

(2) L. 207, ff. *de reg. jur.*

(3) L. 33, ff. *de re judic.* XLII-I.

(4) *Tit.* 6, §. 6.

(5) L. 1, C. *si tut. vel cur. fals.* V-LXIII,

(6) *Text. hic.* V. Vinnius, *hic*, et Péreze *ad* C., *liv.* 5 *tit.* 63.

MOTIFS D'EXCUSE.

297. Ils sont très-nombreux : on ne rapporte ici que les principaux, qu'on pourrait partager en plusieurs divisions, car,

1°. La plupart sont communs aux tuteurs et curateurs, tandis que les §. 18 et 19 présentent deux motifs particuliers à la curatelle;

2°. Certaines excuses dispensent pour toujours; d'autres pour un certain temps;

3°. Les unes permettent simplement de ne pas prendre la gestion; les autres permettent de déposer une administration commencée;

4°. Il y en a que le juge ne peut se dispenser d'admettre, comme le nombre des enfants, l'âge, etc.; il y en a au contraire qu'il peut admettre ou rejeter, après examen et selon les circonstances, comme les maladies, la pauvreté, les inimitiés, etc.

Toute cette partie du titre étant pour ainsi dire de pure énumération, je joindrai de simples notes au texte, et pour mettre plus d'ordre, je distinguerai trois classes d'excuses, d'après les motifs qui leur servent de fondement.

PREMIÈRE CLASSE.

298. C'est celle des excuses fondées sur un privilége, comme le nombre des enfants, les fonctions publiques, la profession des arts libéraux.

PP.

299. *Tres Romæ, in Italiâ quatuor*, etc. C'est un reste des anciennes différences entre Rome, l'Italie et les provinces (1), remarquez que le nombre des enfants n'excuse jamais un père de la tutelle ou curatelle de ces mêmes enfants (2).

300. *Sive in potestate, sive emancipati*. Ce privilége accordé comme plusieurs autres par la loi Pappia-Poppea pour favoriser la population, résulte, sans aucune distinction de puissance paternelle, du nombre d'enfants dont on enrichit l'état. Voilà pourquoi les enfants adoptifs comptent seulement pour le père naturel.

301. L'enfant conçu au moment de la nomination n'est pas réputé né dans l'intérêt de son père, et en conséquence il ne le dispense ni de la tutelle, ni d'aucune autre fonction civile (3).

302. *Ex filiâ non prosunt*, parce qu'ils comptent à leur père et ne peuvent excuser deux personnes.

§. 1.

303. *Semestribus*. Les *semestres* de Marc-Aurèle sont des conseils qu'il tenait pendant six mois et qu'il paraît avoir établis à l'exemple d'Auguste (4).

304. *Res fisci*, c'est-à-dire, le domaine du prince, distinct du trésor public (*ærarium*) qui

(1) V. §. 40, *de rer. divis.* II-I.
(2) L. 36, §. 1, ff. *h. t.* XXVII-I.
(3) L. 2, §. 6, ff. *h. t.* XXVII-I.
(4) Vinnius, *hic*; Pothier, *Pand. Just.* 50-16-198.

tous les derniers empereurs fut confondu avec le fisc proprement dit (1).

§. 2.

305. *Quatenùs absunt*. Excuse perpétuelle pour les fonctions déférées pendant l'absence ou dans l'année du retour, et temporaire pour celles dont on était chargé auparavant.

306. *Curator loco eorum*. C'est une règle générale pour tous les tuteurs excusés temporairement (2).

§. 3.

307. *Potestas*, c'est-à-dire, dans le sens ordinaire, l'autorité impérative et coercitive d'un magistrat quelconque, et quelquefois aussi le pouvoir, par excellence, des magistrats supérieurs. Quoi qu'il en soit ici, cette excuse profite aux magistrats inférieurs sans profiter aux édiles (3).

308. *Deserere non possunt*, même pendant la durée de leur magistrature, à la différence du cas d'absence (4).

§. 15.

309. *Romæ et in patriâ suâ*. Il faut exercer dans sa patrie. Rome est la patrie commune (5).

310. *Intrà numerum*. Il y a dans chaque ville

(1) Pothier, *Pand. Just.* 49-14-1. V. cependant l'explication du §. ult., *de usucap.* II-VII.

(2) §. 5, *de curat.* I-XXIV.

(3) L. 6, §. 16; L. 17, §. 4; L. 23, ff. *h. t.*

(4) §. 2, *h. t.*; L. 17, §. 5, ff. *eod.* XXVII-I.

(5) L. 6, §. 11, ff. *eod.*

un nombre d'exemptions limité pour chaque profession (1).

SECONDE CLASSE.

311. Elle comprend les excuses fondées sur le danger que pourrait avoir l'administration de certaines personnes, à raison de procès, d'inimitiés, ou par abus d'autorité.

§. 4.

312. *De omnibus bonis*, ou même sur la majeure partie (2), autrefois les débiteurs et créanciers du pupille n'étaient point excusés. Aujourd'hui Justinien les déclare incapables (3).

§. 9.

313. *Propter inimicitias*, c'est-à-dire, uniquement pour imposer une charge à la personne désignée. Le père peut sans doute nommer par testament qui bon lui semble, mais ce droit est accordé à son affection pour le pupille, et non pas à l'esprit de malveillance contre le tuteur. Au surplus, le père qui nomme une personne dont il aurait à se plaindre, n'est pas présumé l'avoir nommée par inimitié, son choix peut même être regardé comme une preuve de confiance et par conséquent d'un retour à des dispositions plus amicales (4).

---

(1) L. 6, §. 2, 7 et 9, ff. *eod.*
(2) L. 21, ff. *h. t.*
(3) Nov. 72.
(4) L. 6, §. 17, ff. *h. t.* XXVII-1.

§. 10.

314. *Hoc solo, etc.* Se dire inconnu au père, c'est écarter le soupçon de toute inimitié dans les m tifs de son choix.

315. *Divi fratres.* C'est-à-dire, *Marc-Aurèle*, autrement dit *Marc-Antonin* ou *Antonin le philosophe*, et son frère *Ælius-Verus.*

§. 11.

316. *Quas quis exercuit.* Il s'agit ici de l'inimitié du tu eur, par opposition au cas précédent. Cette excuse, comme celle du procès, est permise au tuteur, afin qu'il puisse éviter la destitution à laquelle il serait exposé (1).

317. *Cum patre pupillorum*, ou contre le pupille ou le mineur lui-même (2).

318. *Reconcil atio* de la part du tuteur à qui seul, comme offensé, appartient dans ce cas le droit de pardonner.

§. 12.

319. *Status controversiam.* Par exemple, lorsqu'on lui a contesté l'état d'homme libre, contestation considérée comme aussi grave qu'une accusation capitale (3).

§. 19.

320. *Excusare se posse.* Abusivement, pour

(1) L. 20, ff. *h. t.*
(2) L. 3, §. 12, ff. *de susp. tut.* XXVI-I.
(3) L. 14, ff. *de bon. libert.* XXXVIII-II.

dire qu'il est incapable. Le mot d'excuse est quelquefois pris dans le sens d'incapacité à l'égard des sourds, des muets, des foux (1) qui tous sont réellement inadmissibles du moins à la tutelle dative (2).

Le mari est incapable d'être curateur de sa femme, comme le curateur d'épouser la femme dont il a géré la fortune, et par la même raison (3). De là vient qu'il peut s'excuser même après avoir géré (*licet se immisceat*), ce qu'il ne pourrait pas faire, si au lieu d'une véritable incapacité, il n'existait ici qu'une simple excuse à laquelle on serait censé avoir renoncé en s'immisçant dans l'administration (4).

TROISIÈME CLASSE.

321. Des excuses fondées sur la nécessité de proportionner les charges aux facultés de chaque personne.

§. 5.

322. *Tria onera.* Trois tutelles ou curatelles administrées par le père ou par ses enfants sous sa responsabilité, sont une excuse pour lui et tous ses fils de famille (5).

323. *Non affectatæ.* On ne compte pas les charges auxquelles on s'est volontairement offert (6).

---

(1) L. *un.*, C. *qui morb.* V-LXVII.

(2) L. 1, §. 2 et 3, ff. *de tut.* XXVI-I. V. le §. 13, *h. t.*, et son explication.

(3) V. au titre des noces, l'explication du §. 11.

(4) L. 17, §. 5, ff. *h. t.* XXVII-I ; L. 2, C. *si tut. vel cur. fals. alleg.* V-LXIII.

(5) L. 5, ff. *h. t.*

(6) L. 15, §. 15, ff. *h. t.*

324. *Quandiù administrantur.* Ainsi l'on ne compte pas une administration cessée ou même prête à cesser (1).

325. *Pro unâ.* Ce n'est pas le nombre des pupilles que l'on considère, mais le nombre des patrimoines gérés séparément (2), quelquefois une seule tutelle compliquée suffit pour exempter (3).

§. 6.

326. *Imparem.* Il serait injuste d'occuper gratuitement l'homme qui a besoin de son travail pour vivre. Au reste, la pauvreté n'est pas un motif d'exclusion (4).

§. 7.

327. *Excusatio locum habet* pour toujours ou pour un temps, selon que la maladie est elle-même perpétuelle ou temporaire (5).

§. 8.

328. *Qui litteras nesciunt*, à cause de la difficulté de tenir des comptes, lorsqu'on ne sait ni lire ni écrire.

329. *Quamvis, etc.* Proposition séparée pour dire que sans savoir lire ni écrire on peut être en état de gérer, auquel cas on n'a plus d'excuse (6).

---

(1) L. 2, §. 9; L. 17, ff. *h. t.*

(2) L. 3, ff. *h. t.* XXVII-I.

(3) L. 31, §. 4, ff. *h. t.*

(4) §. ult., *de suspect. tut.* I-XXVI.

(5) L. 10, §. 8; L. 12, ff. *h. t.*; Pothier, *Pand. Just.* 27-1-21 et 53.

(6) L. 6, §. 19, ff. *h. t.*; Pothier, *Pand. Just.* 27-1-19.

§. 13.

330. *Olim excusabatur.* Le mineur nommé par testament ne devient réellement tuteur qu'à sa majorité (1), il ne peut pas être nommé par le magistrat auquel on ne recourt jamais que pour un besoin actuel. Ainsi tout ce que ce paragraphe innove n'est applicable qu'à la tutelle légitime.

Elle était réellement déférée aux mineurs, mais sans fonctions. On mettait un curateur jusqu'à leur majorité (2), parce qu'ils n'étaient éloignés que temporairement de l'administration (3).

Justinien les déclare incapables. Dès-lors plus de curateur. La tutelle doit passer de suite aux autres tuteurs légitimes, ou, s'il ne s'en trouve pas, à un tuteur datif. Telle est à peu près toute la différence qui résulte de ce changement (4).

Outre le mineur il y a encore d'autres incapables tels que les esclaves et les femmes, à quelques exceptions près (5).

331. Les foux, les sourds, les muets ne peuvent être nommés par le magistrat (6), et lorsqu'ils viennent de plein droit à la tutelle légitime, on donne l'administration à un tuteur datif (7). Ce que Justinien a dit du mineur leur paraîtrait applicable

(1) §. 2, *qui testam. tut.* I-XIV.
(2) L. 10, §. 7, ff. *h. t.*
(3) V. §. 5, *de curat.* I-XXIII.
(4) V. Vinnius, *hic.*
(5) L. 7, C. *qui dar. tut.* V-XXXIV. V. Nov. 118, ch. 5.
(6) L. 1, §. 2 et 3, ff. *de tut.* XXVI-I.
(7) L. 13, ff. *eod.*

d'après les motifs, mais non d'après les termes de sa constitution (1).

§. 14.

332. *Idem*. Comme pour le mineur. Le vétéran, c'est-à-dire, celui qui a cessé d'être militaire, n'est plus incapable, mais il peut être excusé dans plusieurs cas (2).

§. 18.

333. *Curator fieri*. Cette excuse et celle du §. 19 sont particulières à la curatelle.

334. *Testamento adjecerit*. La nomination ne vaut pas en vertu du testament, mais en vertu de la confirmation (3), et c'est à compter du jour où l'on a connu cette confirmation, que dans ce cas et autres semblables, commence à courir le délai des excuses (4).

---

(1) V. L. 5, C. *de legit. tut.* V-XXX; Pothier, *Pand. Just.* 26-1-7.

(2) L. 8, ff. *h. t.*

(3) §. 1, *de curat.* I-XXIII.

(4) L. 16, ff. *h. t.* XXVII-I; Pothier, *Pand. Just.* 27-1-74.

TITRE XXVI.

Des tuteurs et curateurs suspects.

335. Le texte de ce titre est un abrégé très-exact des principes contenus dans le même titre au Digeste. On voit clairement dans les §. 5, 12 et 13 ce que c'est qu'un tuteur ou curateur suspect ; dans le pp., l'origine de cette accusation ; dans le §. 1, le juge compétent pour en connaître ; dans le §. 2, les différentes classes de tuteurs exposés à cette accusation ; dans les §. 3 et 4, les personnes admises à poursuivre ; et enfin dans le §. 6, les effets de la destitution.

Il suffira donc de quelques notes sur le texte.

PP.

336. *Crimen* ne s'entend pas ici du délit en lui-même, mais de la poursuite criminelle qui en résulte (1).

§. 1.

337. *Removendi.* Cette accusation n'a d'autre but que d'écarter le suspect et de lui retirer l'administration. Aussi les poursuites cessent non seulement par la mort de l'accusé comme toutes les poursuites criminelles, mais par toutes les causes qui finissent la tutelle et par là remplissent, d'une

(1) Pothier, *Pand. Just.* 50-16-64.

manière plus simple, le but de l'accusation (1).

§. 2.

338. *Famæ patroni parcendum.* On ménage la réputation du patron comme celle du tuteur qui serait parent ou allié du pupille, ainsi l'on pourra au lieu de les écarter, se contenter de leur adjoindre un curateur (2).

§. 3.

339. *Quasi publicam*, c'est-à-dire, susceptible d'être exercée par tout citoyen (3), l'accusation du tuteur suspect peut même être exercée par des femmes, et sous ce rapport comme sous plusieurs autres, elle diffère des actions proprement dites *publiques* (4).

§. 4.

340. *Impuberes non possunt*, parce que l'infidélité du tuteur doit être prouvée et démontrée par les actes mêmes d'une administration que le pupille est incapable d'apprécier.

§. 5 et 12.

341. *Licet solvendo sit.*

Etiam si satis offerat. C'est la fidélité et non la fortune des tuteurs et curateurs qu'il faut consi-

(1) §. 8, *h. t.*; L. 11, ff. *h. t.* XXVI-X.

(2) L. 9, ff. *h. t.* XXVI-X.

(3) §. 1, *de publ. judic.* IV-XVIII.

(4) Vinnius, *hic.*

dérer. A la vérité, l'indemnité du mineur est garantie par leur fortune ou par celle de la caution; mais prévenir le mal vaut mieux que le réparer (1).

§. 6.

342. *Dolum.... culpam.* La faute consiste dans la négligence (2); le dol, dans l'intention de nuire (3).

§. 9.

343. *Copiam sui.* Le tuteur ne doit pas dépenser tous les revenus du pupille pour son entretien. Le préteur détermine ce qu'il croit convenable à cet égard, d'après la fortune du pupille. En conséquence, le tuteur doit se présenter pour faire une déclaration sincère, à peine de payer de plus forts intérêts pour ce qui ne sera pas déclaré (4).

344. *Distrahi jubentur.* Les créanciers envoyés en possession des biens de leur débiteur ne peuvent pas vendre immédiatement, mais seulement en vertu d'une nouvelle permission que le préteur accorde à défaut de payement. Ici, par faveur pour le pupille, la vente a lieu de suite, sans doute afin de fournir provisoirement aux aliments du pupille (5).

345. *Dato curatore.* La vente des biens à la

(1) §. ult., *h. t.*; L. 5, ff. *eod.*

(2) L. 213, §. ult., ff. *de verb. signif.*

(3) V. §. 3, *qui et ex quib. caus.* I-VI.

(4) L. 3, pp. §. 1, 2, 3, 4 et 5, ff. *ubi pupill. educ. deb.* XXVII-II.

(5) Vinnius, *hic.*

poursuite des créanciers, est infamante pour le débiteur. Pour lui en éviter le désagrément, on crée un curateur aux biens pour qu'il en fasse lui-même la vente. On voit que cette curatelle n'a rien de commun avec celle dont il est question au titre 23 (1).

346. *Ut suspectus, etc.*, parce que la possession des biens serait inutile si on ne destituait pas le tuteur pour faire cesser la tutelle et intenter l'action qui ne s'intente jamais pendant sa durée (2).

§. 10.

347. *Ad præfectum urbi.* On renvoye au préfet, parce qu'à lui appartient le droit de punir, et non au préteur qui n'est chargé que d'écarter le suspect (3).

---

(1) Pothier, *Pand. Just.* 47-2-2.
(2) V. l'explication du §. 7, *de Attil. tut.* I-XX.
(3) L. 1, pp. et §. 7, ff. *de off. præf. urb.* I-XII.

Fin du livre premier.

www.ingramcontent.com/pod-product-compliance
Ingram Content Group UK Ltd.
Pitfield, Milton Keynes, MK11 3LW, UK
UKHW020553180726
13838UKWH00001B/209